絶対に足を踏み入れてはならない

禁断の土地

歴史ミステリー研究会編

彩図社

まえがき

日本のいろいろな土地にまつわる歴史をひも解いてみると、思わず眼をそむけたくなるような凄惨な事件や、けっして触れてはならないタブーに出くわすことがある。

これから本書で紹介するのは、そのような〝いわくつき〟の禁断の土地である。


禁断の土地は、私たちの身近なところにある。

たとえば、多くの人が行ったことのあるであろう東京駅では、じつは2人の総理大臣が襲われ、そのうちのひとりは命を落としている。

また、旅行好きな人は、成田空港の滑走路のすぐそばに1軒の家が建っているのに気づいたことがあるのではないだろうか。たどり着くことさえ難しいその家は、50年以上たっても解決できない問題の象徴だ。

長崎半島の沖には、まるで軍艦のようなシルエットを持つ「軍艦島」があるが、かっては世界一の人口密度を誇った小さな島で、今は無人の廃墟になっている。

北海道には身長2・7メートルの巨大ヒグマが人を襲った痕跡が残されているし、青森の八甲田山中で199人が凍死した事件は今も語り継がれている。

暗い歴史を持つ場所は、日本全国にあるのだ。

人があまり近づかない場所や放置された場所には、必ずそのわけがある。

普段は気にならないが、ふとその存在に気付いて調べてみると、思いもかけない歴史や深い事情があったりするものだ。

本書ではそれらを離島、都市、村、立入禁止地帯、ヤバイ土地の5つの領域に分けて紹介した。

日本には禁断の土地が今も存在している。この本を読んでいただければ、それらの土地の輪郭、ひいては、自分が住んでいるこの日本の姿を見ることができるはずだ。

2021年6月

歴史ミステリー研究会

1章 封印された日本の離島

2章 封印された都市の謎

3章 封印された日本の村

4章　日本にある立入禁止地帯

5章 日本列島の〝ヤバイ話〟

1章

封印された日本の離島

人口密度世界一だった「軍艦島」

■荒れはてた廃墟が立ち並ぶ島

長崎県は、さまざまな見どころがあるところだ。異国情緒を感じさせる旧グラバー邸や大浦天主堂、訪れるたびに平和について考えさせられる平和公園など、古くから外国文化の影響を受けてきた土地らしく、街のそこかしこに異国の雰囲気が漂っている。

しかも、三方を海に囲まれているために多くの島々もある。

そのひとつが、長崎港から約19キロ、県南部の長崎市の沖合に浮かんでいる端島《はしま》だ。周囲1・2キロ、面積は6万3000平方メートルという小さな人工島である。

ただし、この正式名称よりも、「軍艦島」といったほうがピンとくる人が多いのではないだろうか。

周囲には高さ10メートルの岸壁をめぐらし、その上に大きな建物が建ち並ぶさまは

現在の軍艦島

さながら要塞のようだ。その姿が戦艦「土佐」に似ていることから、軍艦島という呼び名がついたのである。

軍艦島は、〝黒ダイヤ〟と呼ばれた石炭を採掘する海上の炭坑都市だった。最盛期にはこの小島に５０００人以上の人々がこの島で暮らし、当時、世界でいちばん人口密度が高かったといわれている。

これほどの繁栄を誇っていた軍艦島だが、今では不気味なほど静まり返っている。

１９７４年の閉山以降、島は無人島になってしまったのだ。

住む人もいないままに放置された建物だけが、なかば朽ちかけながらゴーストタウンのように海上にたたずんでいるのである。

■当時の最先端技術でつくられた建物群

軍艦島が本格的に開発されたのは明治時代のことだ。海底炭坑から豊富な石炭を産出し、明治・大正・昭和の3つの時代を通じて日本の近代化を支えてきたのである。

ここには炭坑労働者だけでなく、その家族たちも住んでいたため島全体がひとつの街を形成していた。住居、商店、銭湯、床屋や美容院、酒場、遊技場などが完備され、子供たちが通う学校まで造られていた。

たとえば、島の南西部にある30号棟アパートは、地下1階、地上7階という立派な建物である。これは1916年に建てられたものだが、日本初の鉄筋コンクリート造りの高層アパートだった。

さすがに内部は荒れ果てているものの、長年風雨にさらされながらも建物自体はまだ健在だ。

このほかにも、7階建てや9階建てといった高層アパートが多い。限られた土地の中により多くの人が暮らすためには建物を高層化するしかなかったのだろう。

また、日本最初の空中庭園や海底水道などもある。軍艦島は当時の最先端技術を結集して造られた〝街〟だったのだ。

炭鉱労働者たちの給料は高く、サラリーマンの倍も稼ぐことも可能だった。食卓にはまだ庶民には縁遠かったビフテキが上ることもしばしばだったという。

しかし、そのかわりに労働はきつい。蒸し暑い炭坑の中での肉体労働に加え、落盤、出水、爆発といった危険と常に隣り合わせでの作業になるからだ。

ところで、無人島になってから35年、軍艦島はその眠りから覚めることになった。２００９年４月から、この島への上陸が可能になったのである。

見学コースとして整備されているのはおよそ２３０メートルだけだが、主だった建物は見渡すことができる。

長い間うち捨てられ、すっかり廃虚と化してしまった軍艦島。再び人間の息づかいを感じているはずだ。

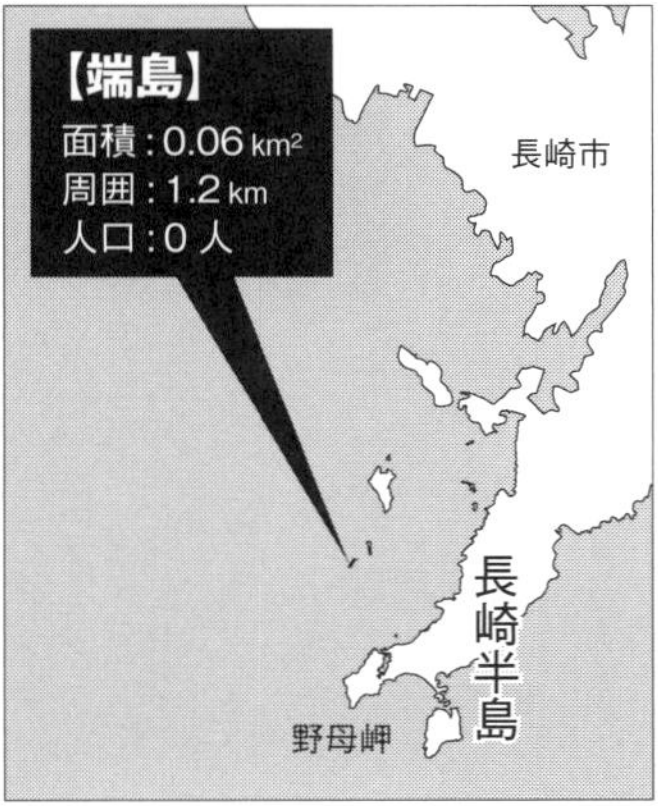

今も数多くの掟が残る「海の正倉院」

■玄界灘に浮かぶ「神の島」

福岡県の北西、九州と朝鮮半島の間に横たわるのが玄界灘である。海の難所としても知られるが、古くから海上交通の要所でもあった海域だ。

その玄界灘には、対馬や壱岐《いき》などの島があるが、その真ん中にポツンと浮かぶのが沖ノ島である。周囲には島はない。

宗像《むなかた》市の神湊《こうのみなと》から約60キロメートル、対馬から約75キロメートルという場所にあり、周囲およそ4キロメートル、面積は0・69平方キロメートルという、ごくごく小さな島だ。

太古の昔からの原生林が生い茂り、巨岩が連なるこの島は、波の音と鳥の声しか聞こえないほどの静寂に包まれている。それもそのはずで、沖ノ島の人口はゼロなのだ。

船上から見た沖ノ島（写真提供：宗像大社）

実際には宗像大社から派遣された神職が年間を通じて交代で島を守っているとはいえ、たったひとりであり、ほぼ無人島といって差し支えない状態なのである。

しかし、こんなに小さな無人島であるにもかかわらず、沖ノ島は古代より神聖な場所として崇められてきた。

なぜなら、ここは神話の時代に神が降り立ったという「神の島」なのだ。そして、島がご神体として信仰されているために、古代よりの「掟」が現代に至るまで守られているのである。

■今なおいくつも禁忌が存在する

九州本土の宗像市田島には宗像大社総社・辺津

宮があり、こちらは誰でも参拝することができる。この宗像大社総社・辺津宮と沖ノ島の沖津宮、筑前大島の中津宮を総称して「宗像大社」という。

『古事記』『日本書紀』によれば、天照大神は、田心姫神《たごりひめのかみ》（長女神）を沖ノ島に、湍津姫神《たぎつひめのかみ》（次女神）を筑前大島に、市杵島姫神《いちきしまひめのかみ》（末女神）を田島に遣《つか》わしたとされているからだ。3柱の女神が一体となって、九州北部から大陸に続く海の道・海北道中《かいほくどうちゅう》を守ってきたのである。

田心姫神を祀《まつ》る沖ノ島は島全体がご神体で、一般人の立ち入りは制限されており、今もなおいくつかの禁忌が守られている。

ひとつは、島に立ち入る際には、海中で禊《みそぎ》を行わなければならないというものだ。これは神職であっても欠かすことのできない掟である。

また、島にあるものは一木一草一石たりとも持ち出すことは禁じられている。

さらに、かつては島で見聞きしたことは口にしてはいけないという掟もあったため、島は「御不言様《おいわずさま》」とも呼ばれていた。

そして、古来より子孫繁栄を是《ぜ》とする日本の伝統から、女性は危険を伴う航海はもちろん、島に立ち入ることもできなかった。

こうした神秘の島である沖ノ島に、学術調査の手が初めて入ったのは1954年のことだ。大和朝廷の時代から大陸へと渡る要衝として栄えてきたこの島は篤《あつ》く信仰されており、大陸との交流を物語る奉献品が多く出土しているのだ。

それら8万点はすべて国宝に指定されている。そのため、沖ノ島は〝海の正倉院〟とも呼ばれている。

2017年にはユネスコの世界遺産に登録され、その重要性が再認識された。毎年5月に行われる大祭では、かつて一般の男性は上陸して沖津宮に参拝することが許されていたが、現在は全面禁止となった。こんにちでは、一般の人は男性も女性も、大島の遥拝所から島を拝することになる。

厳格に守られてきた掟は連綿と生き続け、沖ノ島の神秘性はいまだ失われていないのである。

1年に3日だけ姿を現す幻の島

■サンゴ礁でできた幻の島

沖縄の離島、と聞くと不思議と神秘的なイメージを連想してしまいがちだが、実際に1年にたった3日だけ海から姿を現すというまさに〝神がかった島〟が存在する。島自体がその姿を見せたり隠したりするとは、はたしてどういう島なのだろうか。

那覇のある沖縄本島からさらに飛行機で50分ほど南西へ行くと、サトウキビ畑の広がる宮古島が見えてくる。その宮古島の北端にある池間《いけま》大橋の先に池間島があり、そこから北へ船で30分ほど行くと、ようやく幻の島・八重干瀬《やびじ》にたどり着く。

たどり着くとはいっても、もちろんいつもそこで島を見ることができるわけではない。普段はあたり一帯に海面が広がっている。

海底が見えるほどの透明度を誇り、色とりどりの魚たちが出迎えてくれることから、

サンゴのかけらでできた八重干瀬

ダイビングスポットとしても人気のあるこの八重干瀬だが、じつはこの名前が島の正体を物語っている。
干瀬《ひし》とは、サンゴ礁などでできている浅瀬のことだ。つまり八重干瀬とは、「8つの干瀬からなる場所」という意味なのである。
サンゴ礁が8つ集まるといったいどれくらいの規模になるか想像できるだろうか。潮が引いて露出したときには南北約10キロメートル、東西約7キロメートルという宮古島の10分の1の大きさの浅瀬になる。国内最大のサンゴ礁群なのである。
毎年4月上旬、旧暦の3月3日頃に八重干瀬では伝統行事である「サニツ」が行われてきた。

サニツは、潮が引いたときに現われる広大なサンゴの干潟に女性たちが下りて遊ぶという風習で、これがその年の海開きの合図でもある。海水を3回浴びると身を清められるとされていて、この日はご馳走を詰めたお弁当を持って集まり、一日中潮干狩りなどを楽しんで過ごすのだ。

かつては八重干瀬が姿を現す時期に合わせた「八重干瀬まつり」という観光ツアーがあり、地元の人でなくてもこの幻のサンゴ礁の島に上陸することができた。

ところが、2〜3000人という観光客が訪れるようになり、生態系を壊す恐れが出てきたことなどから、2014年を最後に上陸ツアーは廃止となっている。

そのため、今は八重干瀬を見たいと思ったら民間の会社が行っているシュノーケリングやダイビングのツアーに参加するしかない。もちろん八重干瀬は海の中だが、巨大なサンゴ礁は十分に楽しめる。

■大潮の日に起きる奇跡

ところでなぜ、1年の間でこの決まった時期にだけ、海中に隠れていた巨大な浅瀬が姿を現すのだろうか。

潮の満ち引きは月の引力によるとされているが、月、地球、太陽が同一線上に並ぶと、月の引力にさらに太陽の引力が加わって大きく潮が引く「大潮」と呼ばれる現象が起きる。この八重干瀬が現れる4月上旬はまさにこの大潮の時期にあたるのだ。

そのために、海中にあるサンゴ礁が海面に姿を現すというわけなのである――などと理屈では説明がつくものの、そもそもサンゴ礁がそこまで群れをなしていなければ、これほどまでに大きな浅瀬を見ることはできないのである。

また、この八重干瀬が現れる頃は不思議と海が荒れる日が多いという。島を守る海の神によるものなのだろうか。

月と太陽、そして海。八重干瀬は、自然の力の偉大さを見せつけられる島である。

戦時中、地図から消された島

■瀬戸内海に浮かぶウサギの島

本州、四国、そして九州と合わせると11もの県に囲まれている瀬戸内海。そのライトブルーに輝く海原には大小合わせて約3000もの島々が浮かび、古くから「東洋のエーゲ海」とも称されている。

ところが、国内外から多くの観光客を集めるこの美しい瀬戸内の海にも悲惨な歴史が存在する。ある事情でその存在を地図上から消されてしまった島があるのだ。

広島県の瀬戸内海側にある小さな港町・忠海《ただのうみ》からフェリーで20分ほど行くと、緑に囲まれた小さな島が見えてくる。それが大久野島《おおくのしま》だ。

周囲4キロメートルほどと、レンタルサイクルで周れるほどの広さの大久野島は、海水浴場に温泉、そして瀬戸内の豊かな海の幸を堪能できるリゾートアイランドとして、1年を通して多くの観光客が訪れている。

また島には約900羽以上の野ウサギが生息していて、その愛らしい姿は観光客の心を癒してくれる。春のベビーラッシュには島のあちこちで産まれたばかりの子ウサギたちの姿を見ることができる。ウサギ好きの人達からは「ウサギ島」と呼ばれているほどだ。

毒ガスが置かれていた長浦貯蔵庫

■今も残る戦争の爪痕

ところが、観光客の絶えないこの大久野島こそじつは地図から消された島なのだ。

1929年、来たる第二次世界大戦に向けて旧日本軍はついに〝禁断の兵器〟の開発に手を染めることになる。

それは「ジュネーブ議定書」で国際的に使用を

禁止されている毒ガス兵器だった。

軍はこの大久野島に毒ガス製造工場をひそかに建設し、毒ガス兵器の開発にとりかかる。そのために軍が作成した当時の地図からは島の名前は消され、大久野島が存在するはずの場所は〝空白〟とされてしまったのだ。

一般人の立ち入りが禁じられた島は秘密要塞と化し、その存在は軍でも一部の人間にしか知らされていなかった。

工場には広島の学生や周辺の島々に暮らす人々が動員され、危険と知らされることもなく毒ガスの製造に携わった。

しかし、当時のマスクや防護服では毒ガスを完全に防ぐことは難しく、結果として工場は多くの犠牲者を出してしまう。その後、数十年も後遺症に苦しみ続けることになるのだ。

島で製造されていた毒ガスの中には、「イペリット」と呼ばれるマスタードガスも含まれていた。この毒ガスは皮膚をただれさせてしまう恐ろしいもので、イラン・イラク戦争で当時のイラク大統領サダム・フセインが使用したともいわれているものだ。

今でもリゾート施設から一歩島の奥に足を踏み入れると、島のあちこちに毒ガス貯蔵庫など軍の施設の残骸を見ることができる。毒ガスを除去するために火炎放射器で焼かれ、ドス黒く焦げた壁をさらす廃墟もあちこちに残されている。

愛らしいウサギたちも、もとはといえば毒ガスを検知するために島で飼われていたウサギが殖《ふ》えていったものとさえいわれているのだ。

さらに、島には毒ガスの障害による犠牲者の慰霊碑や、毒ガスの歴史を伝える施設としては世界的にも珍しい「大久野島毒ガス資料館」も建てられていて、当時工場で

実際に使用されていた防毒マスクや防護服、毒ガスの精製に使われた実験器具や大きなタンクなどが展示されている。

資料館の壁に吊るされた無数の防毒マスクは、あたかも〝死に神〟の顔を思い起こさせる。戦争の犠牲となり、地図から消されてしまった大久野島の悲劇を無言のまま今に伝えているようである。

かつて壮絶な人減らしがあった島

■植民地時代の重税のなごり

沖縄県の那覇から509キロメートル、台湾へも111キロメートルという日本の西の果てに位置する与那国島は、東シナ海と太平洋の絶景が楽しめるダイバーの島として人気を集めている——。

というと、まるでのどかな楽園をイメージさせるが、実際に与那国島を歩いてみると、琉球王国の植民地だった頃の暗い影の部分がくっきりと残されていることがわかる。一見、何の変哲もないキビ畑や断崖に、悲しい言い伝えを記録する碑や看板が立っているからだ。

琉球王国が栄えた15世紀頃、与那国島は女酋長が統治する独立国だったが、交易で中国やアジア各国を行き来する琉球人が中継点として島に入るようになると、しだいに琉球王国に支配されるようになる。

　そんな与那国島に悲劇が訪れたのは17世紀に入ってすぐのことだった。１６０９年、薩摩の島津氏が琉球に侵入し、首里城が開城されたのだ。これにより、薩摩の琉球支配が始まり、琉球王府は薩摩藩から厳しい年貢の上納を強いられることになった。

久部良バリ

　このとき、琉球王府は宮古島や八重山諸島など植民地として支配していた島々に対して人頭税を課したのだ。
　人頭税とは、その名のとおり住民の頭数分だけ課せられる課税制度のことで、収入や支払い能力の差にかかわらず同じ額を納税しなくてはならない、大変厳しい制度である。
　納税の対象となったのは、生産能力のある15～50歳までの男女全員だ。人頭税はおもに米で納められたため、田を耕すために男たちは西表《いりおもて》島や石垣島へ出稼ぎに行き、女たちは琉球王府に上納する御用布織りに日々を費やした。

風がやんでも機織りの音はやむことがなく、織り機から一時も離れられない働きづめの生活を余儀なくされたのである。

■過酷な人減らしが行われる

そんな島にとっては、喜ばしいことであるはずの新しい命の誕生ですら重荷となり、人減らしのための自衛策がとられた。子宝に恵まれた女性を「久部良《くぶら》バリ」という割れた断崖に連れて行き、岩から岩へと妊婦を飛び越えさせたのだ。

久部良バリの岩の割れ目は幅が3・5メートルほどあり、海面までの深さは7メートル。当時は、海の荒波が打ち寄せていたという。

そこを身重の体で飛び越えるのは、どれだけ身体能力の高い女性にとっても過酷で、たとえ無事に向こう岸に飛べたとしても流産の危険は避けられない。こうして妊婦や胎児の命を絶って人口調整したというのだ。

また、男性は島に緊急招集の鐘が鳴り響くと取るものも取り敢えず「人舛田《トゥングダ》」という小さな田んぼをめざして走ったという。決められた時間以内にトゥングダに入りきれなかった者は、労働力がない者と見なされて殺されてしまうからだ。

人頭税制度が始まった当初は、対象年齢に達していれば身体障害者もその対象になった。となると、思うように米作りができない者の分も負担しなければならない。

ただでさえギリギリの生活を強いられているなか、村には労働力のない者の分まで工面する余裕はなかった。トゥングダは、そんな切羽詰まった当時の状況を物語っているのだ。

また、島の女たちが来る日も来る日も織り続けた織物は、与那国島の伝統芸術「与那国花織」として今に伝わる。

格子柄の両面に花柄を織り込んだ反物は一見シンプルだが、光沢があり日の光に当ててみるとつややかに光り、表情を一変させる。人頭税の厳しさゆえに培《つちか》われた高度な技術が人々を魅了しているのは皮肉な話である。

３国の主張がぶつかり合う尖閣諸島

■３つの国が「自国の領土」と主張

２０１０年9月に起こった尖閣諸島中国漁船衝突事件は、その映像が流出したこともあって大きな問題となった。この事件だけでなく、尖閣諸島では、ときどき日本人や中国人が勝手に上陸したことがニュースになっている。

本来、尖閣諸島は日本政府によって立ち入ることを禁止された場所である。外国人はもちろん、日本人も許可がなければ入れない。それでも一部の人々は、この島々への上陸を虎視眈々と狙っている。

尖閣諸島は、沖縄県の八重山群島の北方にある小さな島々の総称だ。石垣島の北方約１３０~１５０キロメートルに位置しており、５つの島と3つの岩礁からなる。

もっとも大きな魚釣島は周囲約12キロメートル、面積３・８平方キロメートル、海抜

362メートルという大きさだ。

もともとは紛れもなく日本の領土で、アメリカ政府も「尖閣諸島は、沖縄返還の際に日本の領土として返還している」としている。ところが、国連の調査により尖閣諸島付近の海底には石油などの海底資源が豊富であることがわかると、1971年頃から中国と台湾が領有権を主張し始めた。

これに対して日本政府は「日本固有の領土であり、もともと領土問題など存在しない」と主張し続けている。この3者の言い分が衝突しているのが、尖閣諸島問題である。

古賀商店の従業員たち（1907年頃）

■個人が開拓し政府のものになる

尖閣諸島を開拓したのは、福岡県出身の古賀辰四郎という実業家だった。東シナ海の島々の開拓を目指した古賀は政府から尖閣諸島を貸与され、カツオブシ工場などを建設した。

かつて1880年から1940年にかけては琉球諸島の住民が建設した船着場やカツオブシ工場があった時期もある。

一時は280人もの人が暮らしていた時期もあるが、第二次世界大戦中に事業中止となり、無人となった。そして古賀氏の妻によって別の個人に所有権が譲渡されたのである。

現在は、それまで賃借していた3島（魚釣島、北小島、南小島）を2012年9月に日本政府が購入し国有地となっている。政府は、尖閣諸島は沖縄県石垣市に所属するものとしており、上陸するには政府の許可が必要だ。

ただし実際には、いかなる理由があっても許可されることはないだろう。これまでも活動家が上陸し、問題になってきた。

■活発になってきた中国・台湾の活動

1978年に魚釣島に右翼団体が私設灯台を建設し、管理するようになると、

2005年に日本政府はその灯台を海図に記載して管理をしていきたいと申し出た。それ以降は海上保安庁に譲渡されている。

しかし、中国も台湾も、歴史的にはそれぞれの国の人間が尖閣諸島を発見、あるいは上陸したという史料を持ち出してきては、それぞれ自分の国の領土であると主張している。

なかでも中国では「中国固有の領土である釣魚台列島（尖閣諸島）を守れ」というスローガンのもとに、保釣運動という運動が起こっている。

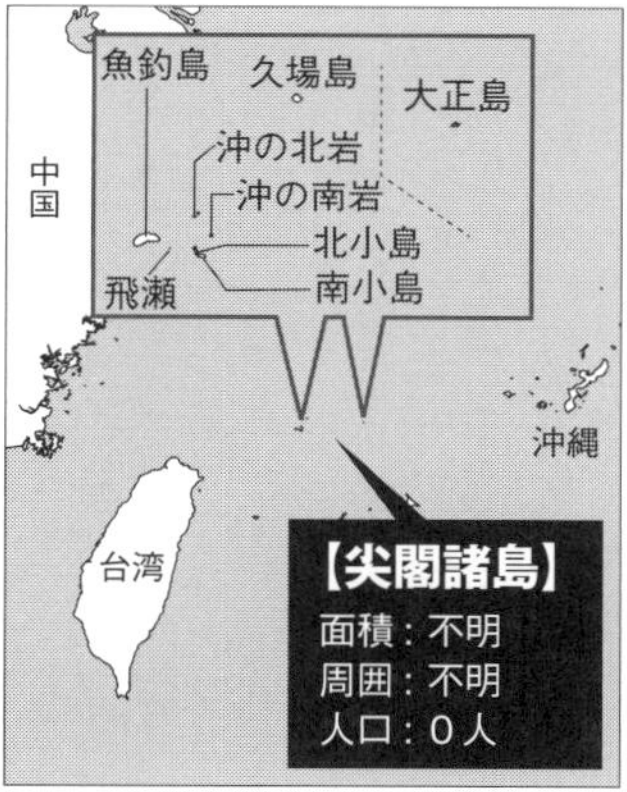

しかも中国は連日、尖閣諸島の周辺海域に海警局の公船を航行させている。東シナ海や南シナ海でも海洋進出を強めており、周辺国は一方的な現状変更に強く反発している。

決着するには時間がかかる問題であり、尖閣諸島の立入禁止が解かれる日がくるのはまだ先のことである。

触ると祟られる首塚がある島

■源平時代の因縁が残る小さな島

厳島《いつくしま》神社というと、広島県にある世界遺産の安芸《あき》の宮島を思い浮かべるが、広島のそれは日本全国にある厳島神社の総本社で、日本には約500社の厳島神社が存在している。

そのうちのひとつに、兵庫県淡路島の福良《ふくら》漁港から100メートルほど先に浮かぶ煙島の厳島神社がある。ここには、ある歴史上の人物の首塚があるとされている。

煙島は、周囲わずか400メートルほどの小島で、粗い岩肌の土台の上を鬱蒼《うっそう》とした原生林が覆っていて、島はまさに〝ぽっかり〟と海に浮かんでいるように見える。海側から見る限り、まさかここに神社があるとは誰も想像できないだろう。

だが、島に降り立つとそこには島の玄関口のような鳥居があり、そこをくぐると

１８７段の石の階段が伸びている。たどり着いた頂上は平らに開かれていて、やはり神社が存在しているのだ。

　正面および玄関とも一間しかない、小さな一間社流造りの社殿はかなり古びていて、島の静けさと相まって神々しい雰囲気を漂わせている。そして、神社の南には、古い石龕《せきがん》（石の塔）が立っている。これが〝触ると祟られる〟といわれる石龕だ。

煙島（写真提供：兵庫県立歴史博物館）

　なぜ、触ると祟られるのか。それは、この石龕は一説によると平敦盛《あつもり》の首塚ではないかといわれているからだ。

　首塚というと、東京大手町にある平将門の首塚が有名で、心霊現象と思われるような逸話が語り継がれているが、やはり生きたまま首を討ち取られることへの怨念は計り知れないほど深いにちがいない。

　敦盛は、平安時代末期に朝廷を支配した平清盛の甥で、現在の神戸の生田から須磨の浜に渡って繰り広げられた「一ノ谷の戦い」で源義経と戦ったが大敗し、敗走の途中に海辺で討ち死にした平氏の若武者だ。

敦盛の首をとったのは武蔵国の熊谷直実《くまがいなおざね》で、もともとは平家に仕えていたのだが、頼朝軍と渡り合った石橋山の戦いを機に頼朝の側について御家人《ごけにん》のひとりとなった人物だ。

■平氏の悲しみをより深めた逸話

その一ノ谷の戦いで、熊谷直実は義経軍の奇襲部隊に参加し、沖の船へ逃げようとしていた若者を馬で追いかけ、波打ち際で一騎打ちを挑む。このときに取った首が、平家の貴公子と呼ばれた16歳の敦盛のものだったのだ。

武士は、みずからの首が敵の大将に差し出されることを覚悟して、戦時の身だしなみのひとつとして薄化粧を施していたといわれ、敦盛も同様だった。

海に向かって走る若武者を呼び止めた直実は、その美しい顔を見て首を斬ることを躊躇《ちゅうちょ》したほどだったという。

一方、その頃、劣勢に陥った平氏一門は幼い安徳天皇を連れて四国へと渡ろうとしており、須磨から淡路島を抜けて煙島でしばしの休息をとっていた。

そこにもたらされたのが、敦盛の首だったのだ。一門の悲しみはいっそう深まったにちがいない。この島で、敦盛の首を荼毘《だび》に付したとき、島からもうもうと煙が上がったことがこの島の名前の由来と伝えられている。

敦盛が波打ち際で首を取られるシーンは能や歌舞伎の題材にもなっている。直実が首を斬るのを躊躇したほどの美少年ぶりや命乞いをしない潔《いさぎよ》さは今も語り継がれ、多くの歴史ファンを魅了しているのである。

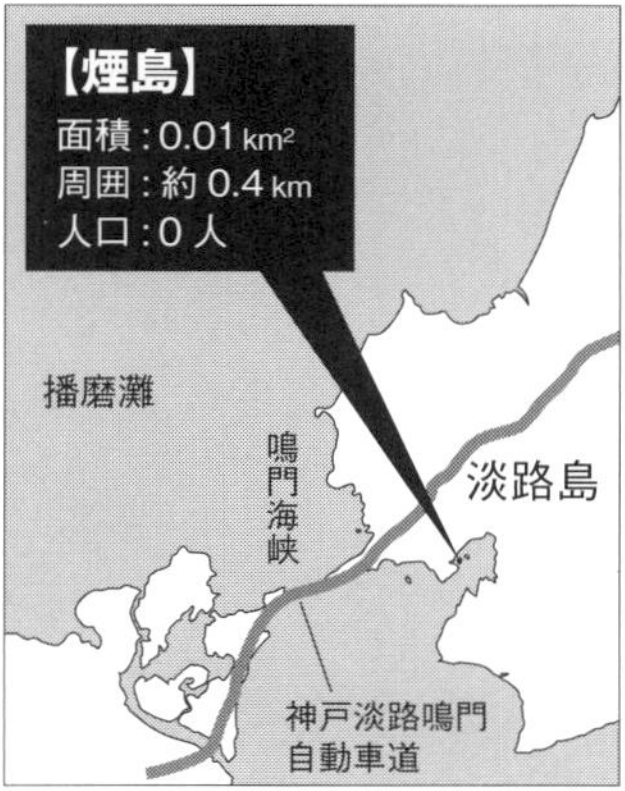

ただ、煙島にひっそりとたたずむ首塚は心霊スポットのひとつにもなっており、訪れる人は多くない。敦盛ファンは、敦盛にまつわる見どころの多い神戸市須磨区の須磨寺を訪れることが多く、煙島は波静かな福良湾で静かにたたずんでいる。

人に泥を塗って幸せにする神

■大和とも琉球とも違う独特の文化の島

太平洋と東シナ海の間にあり、先島《さきしま》諸島の一部となっているのが宮古島だ。大小8つの島がある宮古諸島の中心にあたる島で、島全体が平坦な台地状になっている。琉球列島の中で唯一ハブがいない島としても知られる。

沖縄本島から南西約300キロメートルにあるこの島へ渡るには、船か飛行機を利用する。飛行機なら那覇から45分、船で7～10時間ほどかかるが、美しい海岸線やサンゴ礁などの自然に恵まれ、有名なシュノーケリングポイントもあるので観光客は多い。

沖縄からやや離れていることから、この島の文化はいわゆる琉球文化とは異質だ。もちろん大和（日本本土）の文化とも異なる。宮古島には宮古島独特の文化があるといわれている。

なかでも、不思議な祭りとして知られているのが、パーントゥである。

宮古島の中心街から、車で北へ約20分ほど走ると島尻という集落がある。太平洋を望む海岸沿いに家々が連なるのどかな集落だ。パーントゥは、この島尻集落で10月に行われる奇妙な祭りだ。

パーントゥ神（写真提供：時事）

祭りになると、異様な形、無気味な表情をしたパーントゥの面をつけ、泥だらけの蔓草を体にまとわりつかせた3人の青年が、集落の中をめぐり歩きながら見ている人々や家などに泥を塗りつける。とくに、産まれたばかりの赤ん坊には間違いなく泥が塗られるし、新築した家にもその壁や床、あるいは家主の顔にまで泥が塗られる。

泥というのは、聖なる井戸の底に沈殿しているもので、ご利益があるといわれながらも実際にはかなり異臭がする。

しかし、思わず逃げそうになりながらも結局は塗りつけられる。もちろん、怒り出す人は誰もいない。子供たちの中には、本気で怖がる者もいるが、大人は子供を守らないばかりか、パーントゥに味方して子供たちに泥が塗られるように仕向けるのである。

なぜなら、泥を塗られることは厄払いであり、無病息災を祈願するものであり、その泥を塗られることがこの祭りのそもそもの目的だからだ。

■海岸に流れ着いた仮面が起源

この奇妙な祭りの起源については、言い伝えがある。

百数十年前の昔、島尻の集落で祭りをしていた日のこと、海岸に異様な形相をした木製の面が流れ着いた。人々は、そのあまりに無気味な面の表情に恐れをなしたが、神に仕える女たちはそれが海の彼方から来た来訪神だといい、村人たちにお告げを与えた。

「神は、わざわざこの祭りの日にパーントゥ神の来訪をしるした。この面こそは、村の豊作と円満の兆しをあらわすもの。この面を大切にして、人々の和を保ちなさい」

そうしてこの祭りが始まったのである。

流れ着いた面はクバという植物の葉で包まれていたという。だからその浜はクバ浜と呼ばれ、いまも特別な場所とされている。

いまでこそ観光客も一緒になって逃げ惑ったり、マスコミで紹介されることもあるが、しかし島尻の人々にとってパーントゥが厳粛で重要な島の儀式であることは変わらない。だから、祭りの日程や使用される道具などについては、古くからのしきたりがいまもかたくなに守られているのだ。

また、若者がパーントゥの扮装を身につけて変身するところや、神に仕える女たちが祈願する場面は、集落に住む人々だけが目にすることのできる貴重な場面であり、部外者が目にすることは許されない。

逆にいえば、そうすることによって、集落の人々の和と結束が守られているのである。

異形の神が現れるトカラの島

■悪石島の神様ボゼ

今まではそれほど有名ではなかったのに、２００９年になって46年ぶりの皆既日食とともに一気に知名度を上げた島がある。鹿児島県トカラ列島にある悪石島《あくせき》だ。この島は世界でもっとも長く皆既日食が観測できる場所に位置していたのだ。

そのために、人口約80人の島に５００人近い観測者が上陸した。鹿児島から週に2便だけ運航するフェリーで約11時間もかかるこの島に人があふれかえり、ニュースでも頻繁に話題になったほどだ。

この悪石島という奇妙な島名は、海に向かって石が転がり落ちることがあるからとする説もあるが、実際この島は周囲を断崖絶壁に囲まれているのが特徴である。面積７・４９平方キロメートル、周囲１２・６４キロメートルという小さな島だが、釣り場や海中温泉もあり、宿泊施設も整っている。

しかし、それだけではない。悪石島にはもうひとつ、民俗学的に興味深いものがある。

仮面神「ボゼ」（写真提供：時事）

それは、ボゼと呼ばれる神の存在である。

ボゼは旧盆の最後の7月16日に登場する仮面神で、人が扮したボゼが全部で3体現れる。

この島の盆踊りは男たちが各家を回って踊るのが特徴で、その踊りがひと通り終わった後で太鼓の音の合図が響きわたると、誰かが叫ぶのである。

「ボゼが出っど！」

その声とともに現れるのがボゼ神だ。

■正体不明ながらも強力な神

仮面はまるで爬虫類のような形相をしてい

る。大きな耳、赤い目と長い鼻、そしてカッと開いた口が無気味さをかもし出す。しかも全身を覆っているビロウという植物の葉が異様さをますます強調している。そのうえこのボゼ神は、ボゼマラという棒を手にし、それを振り回しながら人々を追いかけるのだ。

あまりにも異様な風体に、幼い子供などは本気で泣き出すことも珍しくない。といっても、もちろん悪さをしているわけではない。人々の体にアカシュと呼ばれる赤い土をくっつけるのである。

ボゼマラは男性器の象徴であり、とくに女性や子供が追い回される。赤土をつけられた女性は子宝に恵まれ、子供は健康に育つともいわれる。いずれにしても、その異様な姿とは裏腹に、島民にとってありがたい神なのである。

ボゼ神はもともと大きな力を持った存在とされている。そして、悪霊が漂っている盆の時期に人々を新しい世界へと導くというのがその役割である。島の人々にとっては、ケガレを払ってくれる来訪者なのだ。

島民には歓迎されるボゼ神だが、じつはその由来はよくわかっていない。いつ頃から行われている祭りなのかも記録に残されていないのである。

ボゼ神の姿は、パプアニューギニア中部に伝わっている祭りに出てくる神の姿にも似ていることから、そのあたりに起源を求める説もある。確かに、その風貌は南方系であることを思わせるが、確証はない。

また、この特徴的な神が悪石島という小さな島だけに伝えられているというのも考えてみれば不思議な話である。

じつは、このボゼ神の風習を最初に見出して広く世界に紹介したのは外国の研究者だった。逆にいえば、国内でもほとんど知られていなかった存在だということになる。

それだけに、その起源や歴史、そしてボゼの持つ本当の意味についてなど、まだ研究途上にあるものだといえる。

しかしいずれにしても、この摩訶不思議な異形の神は、この島に希望に満ちた未来をもたらしていることは確かである。

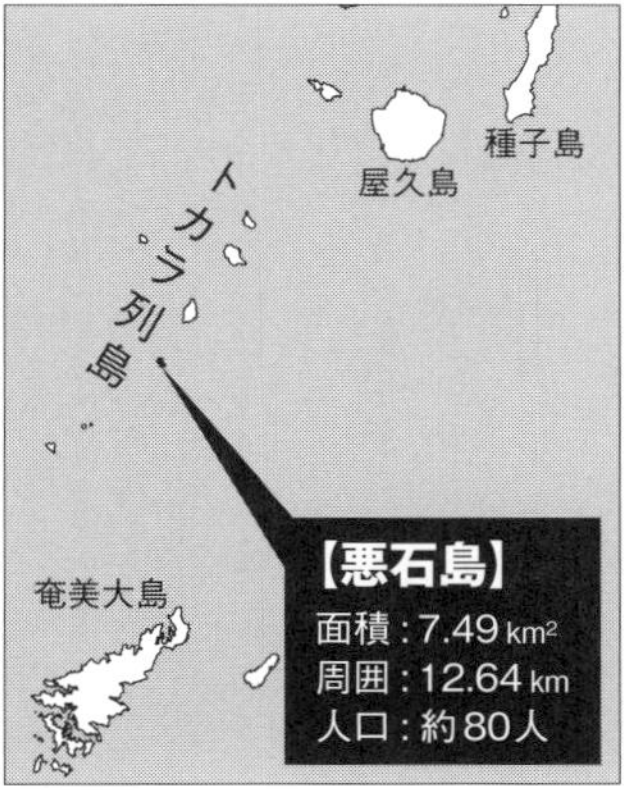

祭の間は部外者立入禁止になる島

■定期船のない孤島

沖縄本島から南西に430キロメートルほど行くと、八重山《やえやま》諸島がある。主島の石垣島をはじめ、西表島《いりおもてじま》、竹富島、小浜島、与那国島など、19もの有人・無人の島が点在する海域だ。

そんな八重山の島のひとつに新城島《あらぐすくじま》がある。新城島は上地島と下地島の2つからなっており、両島の面積を合わせても3・34平方キロメートルという小さな島だ。

現在、下地島は放牧地になっており、集落があるのは上地島だけだ。だが、その上地島もひっそりとしていて住人に出くわすことはほとんどない。

それもそのはずで、2016年4月現在、登録されている島の人口はたった13人。

往年は700人を超えていたという村人も今では激減して、定期船さえも行き交わない島になっているのだ。

そして、美しい海に囲まれたこの小さな島は、外部の人間には明かされない謎めいた一面を持っている。ここには、数々のタブーや秘密が存在しているのだ。

新城島

■足を踏み入れてはならない禁断の地

定期船がないとはいえ、観光客もツアーなどで上陸することは可能だ。
しかし、訪れたとしても島に点在する御嶽《うたき》に足を踏み入れることは禁じられている。
御嶽は聖域とされているので、無関係な人間が立ち入るなど言語道断の行為なのだ。
集落のはずれには〝人魚神社〟とも呼ばれたイショ

「人魚神社」の鳥居（写真提供：『おきなわの離島 島の散歩』山岡成俊）

ウ御嶽があるのだが、簡素な鳥居の奥深くにはジュゴンを祀っているという。

その昔、新城島ではジュゴンの肉を首里王府に献上し、漁師は漁に出る前にはこのイショウ御嶽に豊漁祈願をしたのだと伝えられている。

ここは立ち入りはもちろんのこと、写真撮影までもが禁止だ。島内を歩けばわかるが、あちこちに撮影・録音禁止の看板が立っている。ちなみに、それを犯した者は体調を崩し、禊《みそぎ》をするまで何年も回復しなかったという話もある。

そして、新城島最大の謎とされているのが豊年祭だ。

このときばかりは、ふだん人気のない島が里帰りした人であふれかえるというが、参加できるのは島の出身者と一部の関係者のみ。たとえ島に着いたとしても外部の人間は追い返されてしまうという秘祭なのだ。

その秘祭の主役はというと、豊穣の神であるアカマタ・クロマタと、新たに生まれた２人の子供である。みな身体を山ぶどうの葉で覆い、恐ろしい形相の仮面をつけた姿で現れ、子供でも２メートル、親のほうはそれ以上の大きさで異様な迫力に満ちている。

子供のアカマタ・クロマタがムチを振り上げながら走り始めると、人々は恐れおののいて逃げ惑う。なぜなら、このムチに触れると間もなく死んでしまうという言い伝えがあるからだ。

その後、親のアカマタ・クロマタが豊穣と幸いを人々に授けるのだ。

そして、祭りが終われば島はまた元のように静まり返り、秘密は守り続けられるのである。

2章　封印された都市の謎

成田空港の中に建っている家

■国際空港の中にある謎の小さな家

「千葉県成田市木の根296－3」

この住所には1軒の住宅が建っている。赤い屋根に白い壁、木々に囲まれた2階建てのこの家は、写真だけを見るとじつに可愛らしい。まるでどこかの田舎にある一風景のようにも見える。

ところが、そんな幻想もジェットエンジンの轟音にかき消されてしまう。この家のわずか数十メートル横を、1日に何度となく巨大な航空機が通り過ぎているのだ。

地図で確認してみると、この場所は成田空港の敷地の内部に位置していることがわかる。つまり、空港内の航空機の誘導路に挟まれるように民間の家が建っているのだ。

この建物の正体は「木の根ペンション」という。住民はいないが、現在でも宿泊施設や研修所として利用されているものだ。

そして同時に、成田空港の拡張工事に反対する人々のシンボルでもある。

木の根ペンションがこの場所に残されるに至った理由を知るためには、成田空港の開港の歴史を振り返る必要がある。

空港設備の中に建つ家

1978年に開港した成田国際空港は日本の空の玄関口だ。航空機の発着回数は年間で20万回を超える巨大ターミナルで、4300万人以上の乗降客を誇る。

この成田空港の建設が閣議決定されたのは1966年のことだった。

大型ジェット機や国際線の増加に伴い、当時すでに開港していた東京国際空港（羽田空港）のほかにも新たに空港が必要になったことが理由だ。

そこで新空港の建設地として白羽の矢が立ったのが、国有地である下総御料牧場を含む千葉県成田市の三里塚を中心とする地域だった。

ところが、空港建設が決定すると同時に農民たちによって反対運動が展開される。彼らの反対運動は「三里塚闘争」と呼ばれ、機動隊との衝突でときに死傷者を出すほどの激しいものだった。

開港を数日後に控えた空港の建物を過激派が占拠し、内部の機器を破壊したために空港の開港が遅れるという事件まで起きている。

こうした農民たちの激しい抵抗によって空港建設用地の取得は進まず、工事は遅れに遅れる。

ようやく開港にこぎつけたものの当初の計画とは大幅に異なり、滑走路が1本だけという状態での船出となってしまったのだ。

■今も続く問題の象徴

開港後も用地取得は進められ、国や県と地元住民との間で地域と共生する空港をめざした話し合いは続けられた。冒頭の木の根ペンションが建つ土地も、本来の計画では「C滑走路」と呼ばれる3つ目の滑走路が敷かれるはずだった。

しかし、もともとこの場所には木の根という集落があり、空港開港後も反対派が土地を手放すことなく暮らしていた。

木の根という地名には、文字どおり木の根っこを手で掘り起こして開墾したという歴史が込められているという。それだけ住民たちの思い入れが強い土地だったのだ。

話し合いが進むなかで木の根の住民たちは徐々に引っ越していくが、最後まで残った土地があった。そこに建っているのが木の根ペンションなのである。

現在でもこの土地は、複数の反対派が1人1坪の土地を所有している「1坪共有地」で、用地の取得は保留になったままだ。

飛行機は離陸のときも着陸のときも、風下から風上に向かって進むように造られていて、横風には弱い構造になっている。成田空港のC滑走路はそんな横風が吹いたときのための滑走路として造られる予定だったが、現在は滑走路と格納庫を結ぶ誘導路として使用されている。

今日も国内外の多くの人々に利用されている成田空港だが、じつは50年以上にわたってさまざまな問題を抱えているのだ。

数十年間立入禁止だった駅のホーム

■スポーツイベントでにぎわう駅

東京のＪＲ三鷹駅から千葉県の千葉駅までを各駅停車で結ぶ通称、中央・総武緩行線。かつては黄色一色に塗られていた総武線と、オレンジに塗られた中央線の車両が走るカラフルな路線でもあった。

そんな中央・総武線を走る各駅停車が新宿を出てからふたつめの停車駅になるのが千駄ヶ谷駅だ。千駄ヶ谷駅は住所でいうと渋谷区に属していて、国立競技場や神宮球場、東京体育館のＪＲ線の最寄り駅となることから、これらの施設でサッカーや野球などのスポーツイベントが行われるときは大混雑を見せる。

じつは、東京の中心分にあるこの駅に、まさに都会のミステリーともいうべきひとつの謎が隠されている。

ＪＲ千駄ヶ谷駅の1日の乗降客は3万5000人ほどで、350万人に届くという新宿駅とは違ってふだんは静かな駅だ。駅のすぐ北には新宿御苑が広がっていることに配慮して、いまだに発車の際には音楽ではなくベルを利用しているという。

立入禁止だった頃のホーム（2011年）

その歴史を振り返ると、千駄ヶ谷駅の開業は1904年8月となっている。世はまさに日露戦争のまっただ中だった。ちょうど、歌人の与謝野晶子が「君死にたまふことなかれ」を発表して、反戦歌ともいわれたその内容に一大論争が巻き起こった時代に誕生したことになる。

現在、この駅には新宿・三鷹方面行きの1番線と、御茶ノ水・千葉方面行きの2番線というふたつのホームがあり、どちらも新宿御苑側の片面だけを使用する余裕のある構造になっている。

しかしこの形態は近年の大幅な改修によってできたもので、現在の2番線にあたる場所には、かつて立入禁止のホームがあったのだ。

ホームの壁には病院や飲食店などの看板が設置されていたものの、行き先やこのホームが何番線なのかを表すものは一切なかった。

ホームのアスファルトはところどころはがれてしまい、隅のほうは枯れ木に隠れ、青々としたコケでおおわれていた。ホームを支える鉄骨もむき出しになり、整備されていない気配だったのだ。白線も引かれていなかったので、たとえ列車が入ってきても、ホーム側のドアを開けることはできなかっただろう。

このような状況だったため、安全を考慮し、立ち入りは禁止されていた。乗降客はその朽ちかけたホームを横目に、古い駅舎を行き来していたのだ。

はたして、どのような経緯で都会の中心部に立ち入り禁止のホームが出来たのか。その理由は、この駅が国立競技場の最寄り駅であることにある。

■生まれ変わる臨時改札口

1964年に開催された東京オリンピックのメインスタジアムとなったのが国立競

技場だった。10月10日、国立競技場にはアジアで初めてとなる聖火が灯り、戦後の日本の復興と恒久の平和を世界に向けてアピールしたのである。

もちろん、オリンピック期間中には大勢の観客や関係者がこの千駄ヶ谷の地を訪れることになり、最寄りとなる千駄ヶ谷駅でもこれまでにない多くの乗降客が予想された。そこでオリンピックに合わせて駅には臨時改札が設置されたのだ。

千駄ヶ谷駅で使用されている改札口は西側のひとつだけだが、かつては東側にもうひとつの出入口があり、ラッシュ時の人の往来をスムーズにしていた。謎のホームも同様に、オリンピックのために造られた〝オリンピック専用ホーム〟だったのだ。

国立競技場の脇を通り過ぎて千駄ヶ谷駅の構内に入ると、左手に伸びる通路がある。かつてはそこにシャッターが下りたままの臨時改札口があったが、長期の工事も終わった現在では、千駄ヶ谷駅はすっかり新しくなっている。

新駅舎では混雑緩和のために改札口も移設され、コンコースも拡張されているため、かつての立入禁止だった頃の姿を想像するのは難しい。

柵に囲まれている西成警察署

■トラブルがよく起こる場所

鉄製の門扉が取り付けられたグレーの巨大なビルの周囲は、人の背丈よりはるかに高い鉄格子によって厳重に守られている。そのうえ周辺には監視カメラがいくつも設置されて、24時間体制で監視の目を光らせているのだ。

写真を眺めているだけでもピリピリとした空気が伝わってくるようなその様子は、まるで近代的な要塞そのものである。

大阪の中心地である梅田や難波からもそう遠くない大阪市西成区。その北東部に位置するあいりん地区を管轄する西成警察署は、建物自体を要塞のように堅固なものにせざるを得ない理由があった。

これまでにこの地区では、小競り合いから大規模な暴動までトラブルが何度となく起きていて、そのたびに警察署が襲撃されているからなのである。

かつて「釜ヶ崎」と呼ばれていたあいりん地区は多くの日雇い労働者が集まる街としても知られているが、そもそもは明治の終わり頃にこの場所に簡易宿泊所が建てられたことが日雇い労働者が集まるきっかけになった。

小さな部屋には布団とテレビしかない、1泊500円という宿泊所もあるものの、仕事にあぶれてしまって屋外で寝泊まりする労働者も少なくない。

2008年6月、西成署前で向き合う機動隊員と労働者たち（写真提供：時事）

それればかりか暴力団事務所が周囲に立ち並ぶことから、いつしかこのあいりん地区は治安の悪さばかりが目立つようになってしまったのだ。

今でもケンカや揉めごとは絶えず、そんなトラブルが厳しい暮らしを強いられている人々のストレスとあいまって、大規模な暴動に発展してしまうのである。

なかでも1990年10月に発生した暴動はとくに大規模なものだった。あろうことか西成警察署の刑事が暴力団から賄賂を受けとっていたことが発覚して、日頃から警察に対して不満を抱いていた労働者たちがそれをきっかけに次々と西成警察署の前に集まってきたのだ。その数は400人とも500人ともいわれている。

警察の謝罪を求める労働者たちは警察署に向けて怒声を浴びせ、警官隊と労働者たちのにらみ合いが続いた。やがて、報道でこの暴動を知った関係のない若者たちが騒ぎに便乗して集まってきて、そのうちのひとりが警官隊に向けて石を投げつけると、暴動は一気にエスカレートしてしまったのだ。

暴徒と化した集団からは、石だけでなく火炎瓶まで投げ込まれた。路上に停めてあった車はひっくり返されて火をつけられ、近くのコンビニエンスストアはなだれ込んだ暴徒によって略奪され、ほんの数分で店の棚からは商品が跡かたもなく消え去ったのである。

警察は機動隊を導入して事態の沈静化を図るが、ついには最寄りの南霞町駅が放火されて、木造の建物が全焼してしまうという惨事にまで発展している。

警棒と盾で武装した機動隊と、それに襲いかかる群衆。瓦礫が散乱する道路のあちこちからは火の手がくすぶり続けた。

■変化しつつある人と土地

騒ぎのきっかけとなった事件の経緯はその時々で異なったが、あいりん地区ではこうした暴動が1960年頃から数年おきに発生している。その都度ターゲットのひとつになる西成警察署が要塞と化すのは、自衛の意味でやむを得なかったのである。

ところが、このあいりん地区の様子も最近では少しずつ変わってきているという。不況で日雇いの仕事が激減し、また高齢になって仕事にありつけない労働者がしかたなく野宿するようになった代わりに、それまでの簡易宿泊施設を外国人バックパッカーが利用するようになったのだ。

訪れる人の変化に対応して街も変わっていく。だが、労働者の問題はすぐに解決できるものではなく、いつまた暴動が起こっても不思議はない。そんな街の安全を守るべく、西成警察署の要塞は今日も厳しい監視の目を光らせているのだ。

東京タワーになった戦車の鉄

■鉄塔のために集められた資材

半世紀以上にわたり関東一円の電波塔としての重要な役割を担い、２０１８年９月末でその役目を終えた東京タワーは、日本のランドマークとして長年君臨し続けてきた。

じつはこの東京タワーには、興味深いさまざまなエピソードが残されている。

東京都港区芝公園でこの巨大な塔の建設工事が始まったのは１９５７年のことだ。それまでのテレビやラジオの電波塔は、放送各局が自前で建て放送を行っていた。いろいろな方向から電波が飛び交っているような状態だったのだ。

そうなると、視聴者は電波を受信するためにチャンネルを変えるたびにアンテナの向きを変える必要があった。さらに、都市のあちこちに塔が建つのも景観上好ましくない。

そんな事情もあって、電波塔を一本化するために東京タワーを建設するという運びになったのだ。

ところが、工事前の調査で、関東一円に電波を送るためには333メートルという前代未聞の高さの鉄塔が必要であることが判明したのである。

その頃、世界一の高さを誇っていたパリのエッフェル塔の320メートルをもしのぐ大工事には、当時の金額で30億円ともいわれる巨額の費用がつぎこまれることになったのだ。

もちろん、それだけの高さの鉄塔を建てるためには大量の鉄が必要になるわけだが、量が量だけに関係者は原料の調達方法に頭を悩ませた。

そこで注目されたのが、東京タワーの建設が始まる数年前に休戦を迎えていた

東京タワー

朝鮮戦争で払い下げられた兵器だった。

■兵器を鉄くずにして平和利用する

第2次世界大戦の終戦から5年後の1950年に勃発した朝鮮戦争で、アメリカ軍は大量の兵器と兵力を投入して、一時は朝鮮半島の南端まで韓国軍を追い詰めた北朝鮮軍を中国国境付近まで押し戻すことに成功している。

この時に使われた戦車などの大量の軍需品は、休戦後、日本の解体業者が買い取ったのだ。鉄片として取引された戦車は製鉄会社に渡り、それが溶かされて鉄骨を造る原料になったのである。こうして調達された大量の鉄骨は、塔に使われたすべての鉄骨の3分の1を占めたという。

その後、前例のない大がかりな工事が始まり、のべ21万人の作業員たちは朝から晩までフル稼働して、わずか1年半で東京タワーを完成させたのである。武器に使われていた鉄が変身し、人々に情報を送るための電波塔になったのだ。

戦時中には金属の供出が求められて、ありとあらゆる金属類が兵器に変えられていったが、戦争が終わると逆に兵器が鉄くずとなって平和的に利用されたというわけだ。

朝鮮戦争に投入されたM46パットン。このようなアメリカの戦車が東京タワーの材料になった。

■バスになった戦車

ちなみに、朝鮮戦争で使用されて日本に送られ、改造されて利用された兵器はほかにもあった。そのひとつが全国にじつに４００台も払い下げられたという水陸両用戦車だ。

水陸両用戦車はキャタピラではなくタイヤで走行していたため、それを利用してバスにした。

昭和20年代に庶民を乗せて町中を走っていたバスが、ひと目見ただけではそうとわからないほどうまく改造された戦車だったのである。

地下に眠る幻の新橋駅

■使われることのないもうひとつの駅

大都市東京の地下には、地下道や地下街、そして地下鉄など、さまざまな交通網が広がっている。

なかでも、長い間にわたって一般の人々に忘れ去られていた施設がある。その中でもっとも興味深いのが〝幻の新橋駅〟だ。

現在の東京メトロ銀座線・新橋駅の改札を出て8番出口に向かう通路を歩くと、途中に「関係者以外立入禁止」と書かれた金属製の扉がある。

ふだんは開くことのないこの扉の向こうに、今は使われていないもうひとつの新橋駅がひそんでいるのだ。

そこにはどんな空間が広がっているのだろうか。

まず、2本のレールをはさんでふたつのホームが向き合い、やや丸みを帯びた天井は時代を感じさせるムードにあふれている。

ホームの長さは2両編成分の60～70メートルと、現在の一般的なホームの約半分しかない。昔のままのタイル張りの壁面には駅名が「橋新」と、右から左へ書かれていて、まさに時が止まったかのようだ。

地下ホームに書かれた文字（写真提供：大上祐史（ラジエイト））

現在の地下鉄の新橋駅は地下1階部分がコンコースで、地下2階部分がホームという構造になっている。しかし、幻の新橋駅のホームは地下1階部分にある。

ところが、このホームが使われたのは、戦前のわずか8ヵ月のみだったという。なぜそんな短い期間なのかというと、昔の地下鉄事情が関係していたのである。

■幻の駅にかかわったある人物

幻の新橋駅が完成したのは1939年のことだ。

当時は、銀座線はふたつの会社が運営していたのだが、そのふたつのちょうど境目が新橋駅だった。そのためにそれぞれの会社が独自の新橋駅を造ったのだ。

ふたつの会社とは、東京地下鉄道と東京高速鉄道のことである。

東京地下鉄道は、1927年に東洋初の地下鉄を上野〜浅草間に開通させた会社だ。同社はその後、1934年に新橋駅まで線路を延ばしたが、このときに造られた新橋駅が現在も使われている新橋駅になる。

一方、東京高速鉄道は渋谷のほうから路線を延ばし、1939年にようやく新橋駅まで達している。そのときに造られたのが現在の幻の新橋駅なのだ。

このふたつの会社の路線がつながると、その直後に両社の間で直通運転が始まる。そのため、ホームはひとつですむようになり、後から造った東京高速鉄道のホームは使用されなくなってしまったのだ。

それにしても、いずれ直通運転をするのなら、東京高速鉄道はもうひとつの新橋駅を造る必要はなかったはずだ。なぜ、巨額の建設費を使って新たな新橋駅を造ったのだろうか。

じつはそこには、企業間のなまぐさい事情があるといわれている。先発の東京地下鉄道が、東京高速鉄道の乗り入れに「うん」と言わなかったのだ。

そこで、東京高速鉄道の社長だった五島慶太が、東京地下鉄道の株を大量に買い占めた。五島慶太とは東急電鉄を創った人物で、優れた経営者だったが、競争相手の株を買収して乗っ取るという強引なやり方でも知られていた。東京地下鉄道の株を買収するというやり方は、五島にしてみればまさに得意分野だったのだ。

つまり、幻の新橋駅は伝説の経営者の剛腕から生まれたとも言えるのである。

狭くなっているホーム（2007年撮影）（写真提供：大上祐史（ラジエイト））

かつて自殺者が続出した団地

■人々のあこがれのまとだった団地

「団地」というと、最近ではレトロな響きがある言葉になった。しかし、昭和30～50年代の高度経済成長期には空前の団地ブームがあり、「○○団地」と名のつくものが次々に建てられた。

鉄筋コンクリート造りの大きな建て物、ダイニングキッチン、椅子やテーブルといった洋風の暮らしは昭和40年代の若い夫婦にとって、まさにあこがれだった。

そんななかでも、1972年に登場したT団地は特別な存在として注目を浴びた。「東洋一のマンモス団地」という謳《うた》い文句の通り1万戸以上を有する高層住宅群は、敷地内にはけやき並木が通り、都内からのアクセスもよく、しかも駅は目の前だ。

学校をはじめ各種公共施設もどんどん整備され、ショッピングセンターも充実し、一大住宅都市となったＴ団地を、誰もが羨望のまなざしで見ていたのである。第一次オイルショックでトイレットペーパーが世の中から消えたときも、いち早く物資が投入されたのはこの団地だ。

しかし、１９７７年、それが一転した。父子３人がこの団地で投身自殺をしたのである。

そのニュースが駆け巡ると、あちらこちらから投身自殺志願者が訪れ、マスメディアが「自殺の名所」と呼んだことから、Ｔ団地に対する人々の印象があこがれの街から自殺の名所へと１８０度変わってしまったのだ。

高層階からの団地の眺め

■ニュース後に増えた投身自殺

14階建て、およそ30メートルはあろうかという高層建築物は、当時としては珍しく、入居当時から投身自殺は数件あったが、マスコミが大きく取り上げた父子3人の投身事件がきっかけとなり、悲劇は加速していった。

自殺者はニュースに誘われるように年々増え、1980年には累計133人にも及んだといわれている。

T団地の自殺者の増加は、社会問題となる一方で、「自殺の名所」というレッテルが確固たるものになり、当時を知る者にとっては今でもその印象は根強く残っている。

あまりの自殺者の多さに政府が重い腰を上げ、分析と対策に乗り出したのは1981年のことだ。屋上へ向かう階段に鉄格子を造り侵入禁止にし、廊下や非常階段の共有部分にフェンスを取り付け、どこからも飛び降りられないようにしたのだ。

この対策が功を奏した。ほかにも高層建築物が多くできたこともあり、この団地での自殺者は激減したのである。1987年以降、飛び降り自殺の記事は出ていない。

■数々の対策によって平和が戻る

華々しく登場したT団地も完成からすでに約50年が経ち、住人の高齢化が目立つよようになった。入居者はピーク時の３万人から２万人に減少し、空室が約５００戸もあるといわれる。

少々寂しくなりつつある団地ではあるが、明るいニュースもある。近隣にある大学が乗り出した「みらいネットＴ」という地域再生プロジェクトだ。

これは老朽化・高齢化・空き室化しているこの団地を再生させようという試みで、まず空き室対策として、大学が空き室を借り上げて学生を入居させることから始まっている。留学生と日本人学生のルームシェアを基本とし、学生たちが住むことによる多文化共生、多世代共住で団地内の活性化を図る狙いだ。

すでに学生たちは、高齢者支援や育児支援といったボランティアを通して地域の人々と交流し、またそれによって家賃の一部をまかなうというシステムを作って活動している。

「自殺の名所」という異名も今は昔。若い世代には「そんなこともあったんだ」くらいのことでしかない。なかにはどんなところか見てやろうとやってくるマニアもいるようだが、実際に見られるのはさわやかなケヤキ並木や、活気のある商店街だ。近いうちにこの街がまたあこがれの街となる日がくるかもしれない。

暗殺・クーデターが続発した場所

■襲撃された歴代の総理大臣たち

日本の政治の中心地・永田町にはいくつもの重要な建物が並んでいるが、なかでも国政のトップである総理大臣の官邸はやはり特別な存在だ。

現在の総理官邸は、２００２年に完成した新しいものだが、旧総理官邸は１９２９年に建てられ、小泉政権まで激動の歴史とともに歩んできた経緯を持つ。

今はその大役を終えているが、アール・デコ調のおもむきある造りや、なにより半世紀以上にわたる日本の政治の舞台であるこの建物を壊してしまうには惜しいという声があがったことから、改修され、迎賓機能を持つ総理大臣公邸として新たな役目を担うことになったのである。

ちなみに、「総理官邸」は歴代総理大臣が仕事をする場所で、「総理公邸」は歴代総理大臣の住まいのことだ。

旧帝国ホテルの設計者フランク・ロイド・ライトの影響を強くうけた下元連《しももとむらじ》という人物が設計したモダンなデザインは、誕生から90年あまり経った今も色あせることなく気品と美しさを漂わせるが、じつはここは暗殺やクーデターといった数々の歴史的事件の舞台となった暗い側面も抱えている。

旧官邸

まず、竣工から３年後の１９３２年に５・15事件が起こった。政府に不満を持った大日本帝国海軍の青年将校らが突然官邸を襲撃し、当時の首相である犬養毅を暗殺したのである。

そのわずか4年後には２・26事件が起こり、腐敗した政財界を壊し、天皇親政を願った反乱将兵ら率いる１０００人超の兵士により官邸は銃撃を受けている。

警備にあたっていた警察官が銃で応戦するも、殺害されて突破されている。正面玄関の上部のガラスには直径1センチほどの弾痕のような穴があり、これはこのときに放たれた銃の跡ではないかといわれている。

目的は時の首相の岡田啓介の殺害だったが、秘書官を誤認して殺害し、首相本人はとっさに使用人部屋の押し入れに隠れて命拾いをしている。

また、1945年の終戦を迎えたその日も戦争終結に反対する兵士や学生が官邸を襲っている。首相の寝込みを襲う計画だったのだろうが、当時の総理・鈴木貫太郎は、たまたま私邸に戻っていて事なきを得ている。

さらに、戦後にもクーデターは起きた。1960年の日米安保条約に反対する学生たちによる大規模なデモ隊が官邸の正門を突き破り乱入したのだ。

ほかにも78年には時の首相の大平正芳が、官邸内で暴漢に襲われる事件も起きている。

■まことしやかにささやかれる怪談話

太平洋戦争時の旧総理官邸には、総理大臣の脱出用の地下トンネルがあった。

1960年に学生のデモによって官邸が包囲されたときには、当時の首相の岸信介がそのトンネルを通って難を逃れたという噂がまことしやかに広がっている。

そのトンネルは今も残っている、と言いたいところだが、実際のところは高度成長期の地下鉄工事や都市開発工事で取り壊されているようだ。

ちなみに、歴代総理の住まいである旧公邸のほうは「幽霊が出る」といわれていた。

旧官邸と同じ時期に建てられ、2002年に老朽化を理由に取り壊されるまでに就任した総理大臣は全部で42人いた。ところが、旧公邸で暮らしたのはたった18人。戦後、佐藤栄作首相をはじめとする比較的新しい首相が多い。なぜなら2・26事件以降、官邸への入居を辞退する首相が続いたからだ。

森喜朗元首相は、夜中に「ザッザッザッ」と隊を成して向かってくる軍靴の音で目を覚ましたという。気配はドアの前でピタリと止まったというから、さぞ恐ろしかったことだろう。あとを引き継いだ小泉首相も、「そんなことは気にしない」と言いながら、入居の際にはお祓いをしたという。

どんなに厳重に警備したところで退けることはできないのだから致し方ないのかもしれない。

女性が通れなかった門

■大阪に栄えた風俗の街

都市には大勢の人々が暮らしているが、そこは食欲や物欲など人々の欲望を満たす場所でもある。そして、都市はまた男たちの欲望を満たす裏の顔も兼ね備えている。たとえば、東京であれば新宿の歌舞伎町がその代表だろう。札幌のススキノ、博多の中洲なども有名である。これらの場所が都市で暮らす大勢の人々の性欲を飲みこみ、解消してきたのである。

そして、東京と並んで日本の巨大都市である大阪にもやはりそんな場所がある。それが飛田新地だ。

そこはかつて、何もない、ただの広大な原っぱだった。それが特殊な場所として指定されて免許地となり、１００軒ほどの妓楼《ぎろう》が並ぶようになったのは１９１８年頃のことである。当時は「日本最大級」とまでいわれる遊廓だった。

じつは、それ以前は難波新地に遊廓があったのだが、「ミナミの大火」といわれる大火災が起きて、店の多くが焼失してしまったのだ。

今も残る大門の柱

遊廓がなくなるのは大問題である。なんとかして新しい場所を探さなければならないということで白羽の矢が立ったのが、飛田の広大な土地だったのだ。

昭和の初めには妓楼が２００軒以上に増えたが、太平洋戦争のときにはその多くが焼け出されている。

しかし、その火が消えることはなかった。

■赤線として存続する

戦後はいわゆる赤線として復活し、多くの「カフェー」と呼ばれる店が軒を連ねた。

１９５７年に売春防止法が施行されると、今度は料亭に姿を変えて料亭街として栄えたが、本来の「目的」は変わらず、現在も大正時代そのままの街並みを残した約150軒の料亭が残っている。

なかには、大正時代に建てられた建物がそのまま残っている「鯛よし百番」という店もあり、当時の遊廓の華やかな雰囲気を今に伝えている。

とはいえ、東は阿部野再開発地区があり、西はあいりん地区に接しており、大阪のなかでもかなりディープな場所だ。あまり治安がいいとは言えず、ひとりで歩くのは昼間でも遠慮したくなる街だ。観光地にやってきた気分で気軽にカメラでもかまえればどんな目に遭うかわからない緊張感が漂っている。

しかし、そんなディープで危険な空気も、長年人々の欲望を受け止めてきたからこそだと思えばまたひとつの風情とも言えるだろう。

■現在にも続く文化と熱気

もちろん、現在も立派に〝その手の場所〟としての人気を誇っている。男性がひとりで歩けば、呼び込みの女性などのいわゆる「やり手」から声をかけられるのだ。

　そんな大阪弁をあやつるノリのいい呼び込みにつられて、つい足を止めそうになる。場所によっては、彼女たちのレベルは目を見張るほどともいわれ、人気も高い。

だが、何といっても色街は色街だ。ご多分にもれず、女性にまつわる哀しい話があるのは当然である。その象徴ともいえるのが、飛田新地の門だ。

　飛田新地は街全体が壁に囲まれている。これは、中で働く女性たちが逃げないためであり、こういった遊廓の常としてここで客をとる女性たちは、いわゆる前借金があって連れて来られたという事情を抱えていた。なかには、ここの辛い暮らしに耐えかねて逃げ出す女性もいただろう。

　そんな逃亡を防ぐために、街の周囲を壁でぐるりと囲んだのである。通称「嘆きの壁」ともいわれている。

　もちろん、外からやってくる客のために壁にはいくつかの門がある。しかし、たった1ヵ所を除いては、女性は一切通ることができなかった。まさに、女性通行禁止の門である。

　現在も門のあった場所には白い石柱がひっそりと残っている。そしてその脇には、ガラスの部分を鉄格子で囲った飛田交番があり、地域の警護にあたっている。

原爆ドームのそばに眠る人骨

■原爆による名もなき被害者たち

世界屈指の悲惨な都市といえば「ヒロシマ」だろう。

1945年8月6日午前8時15分、一瞬にして高温の爆風が街中を襲い、あらゆるものが吹き飛ばされ、炎と化し、人々は逃げ惑うばかりだった。

何が起こったのかわからない人々の頭上から不気味な黒い雨が降り注ぎ、やがて動くものがなくなるまで徹底的に叩きのめされた街である。

当時「被曝した土地には75年間は草木も生えぬ」といわれ、復興は不可能とみられていたが、今は美しくよみがえり、世界に平和を発信する特別な街になっている。

そんなヒロシマを象徴しているもののひとつに原爆ドームがある。

原爆がちょうどこのドームの上空で爆発し、爆風がほとんど真上から襲ったことで

原爆供養塔

建物は全壊を逃れ、かろうじて残った壁の一部や、むきだしになったドームの鉄枠などが痛々しい姿をそこに留めている。

１９９６年には、人類史上最初の原子爆弾による被曝の惨禍を伝える歴史の証人として、また核兵器廃絶と恒久平和を求める誓いのシンボルとして世界遺産に登録され、観光名所にもなっている。

この有名な原爆ドームの近くに、ひそかに多くの遺骨が埋まっている場所があることをご存知だろうか。原爆ドームから元安川を挟んだところにある平和記念公園の北西の外れに位置する原爆供養塔がそれだ。

直径約10メートル、高さ約3・5メートルの円形の盛り土で、頂《いただき》には相輪《そうりん》1基が据えられている。

ここには、一家全滅の家族、河川から引き上げられ茶毘《だび》に付された人々、避難したものの混乱のなか名前すら確認されずに亡くなった人々など、身元不詳の約7万人と、名前はわかっているけれど引き取り手のない820人の原爆犠牲者の遺骨が埋められているという。

爆心地近くでは、一瞬の出来事に大混乱し、身元を確認する余裕も、時間も、手段もないに等しかったにちがいない。爆心地近くで亡くなった人の遺骨は、肉親のもとに帰れたケースのほうが珍しかったのだ。

この原爆供養塔のほかにも、広島には原爆で亡くなった人々をとむらう碑が無数にある。碑は町内、学校、官公庁、企業、公園や道端にも建てられたのである。

空襲のないときは仕事をしたり、勉強をしたり、家事をしていた日常の中で、人々は突然命を失うことになったのだ。至るところで人が倒れ、息絶えていったのだろう。原爆供養塔も、街のあちこちに建つこれらの碑も、戦争の悲惨さを語るもの言わぬ証人だ。

■原爆が広島に落とされたわけ

ところで広島はなぜ、原爆を投下されたのだろうか。アメリカがこの地を選んだの

原爆投下直後の原爆ドーム

には理由がある。

まず、原爆の効果を正確に測定できるように、直径3マイル（約4・8キロ）以上の市街地を持つ都市を目標都市として選び出した。それが広島、小倉、新潟、長崎だった。

そのなかから広島が第一目標になったのは、唯一、連合国の捕虜収容所がなかったと思われていたからだったという。

そして運命の日、ついに原爆は落とされた。爆心地の地表温度は3000～4000℃に達し、建物の90％以上が壊滅され、推計人口35万人のうち、同じ年の年末までに約14万人が亡くなったとされている。

しかし、被爆者の悲劇は子供や孫にも影響し、原爆被害者は20万人を超え、今もなお苦しむ人々がいる。

原爆ドームは、そんな戦争の悲惨さを訴えるため、そしてけっして忘れないために市が永久保存を決定している。

ところが最近は、隣に高層マンションが建つなどして問題になっている。これはたとえば、牧歌的な札幌の時計台がビルの狭間にあるのを目の当たりにするよりも深刻だ。

２０１６年にアメリカのオバマ大統領（当時）が広島を訪問したことを機に、広島市は原爆ドーム周辺の景観保全への取り組みに乗り出している。

3章

封印された日本の村

一晩で30人が殺された村

■住民111人の村で起こった惨劇

岡山県の北東部に位置する津山市加茂町は、町の9割が山林という、険しい山々に囲まれた地域だ。ブナやナラなどの木々が林立し、その合間を清流が流れるさまはまさに自然の宝庫といえる。

この自然豊かな加茂町で、かつて日本の犯罪史上でも最大といわれる大量殺人事件が起きた。のちに「津山事件」、あるいは「津山30人殺し」と呼ばれることになったできごとだ。

事件があったのは苫田《とまた》郡西加茂村の貝尾・坂元集落である。当時の貝尾地区は全戸数23戸、住民は111人という小さな集落だった。

犯人は21歳の青年、都井睦雄《といむつお》だ。たったひとりで11戸の家を襲い、一晩のうちに30

人もの村人の命を奪ったのだ。しかも、犯行に要した時間はおよそ1時間半だった。

　１９３８年5月21日深夜に事件は発生した。黒の詰め襟にゲートルを巻き、地下足袋《じかたび》を履いた都井は、ハチマキで頭に2個の懐中電灯をくりつけ、首からは自転車用のライトを下げていた。

貝尾地区

　一振りの日本刀と2本の匕首《あいくち》を紐で腰に固定し、手には9連発に改造したブローニング銃と約１００発の銃弾を持った。
　彼がまず手にかけたのは祖母である。犯行後にひとり残され、肩身の狭い思いをさせるのはかわいそうだという思いからの行動だった。都井は眠っている祖母の首を目がけて斧を振り下ろした。
　前夜のうちに送電線を切断しておいたため、村は闇の中に沈んでいた。ここから都井は村を縦横無尽に駆け回り、次々と村人を手にかけていくのである。
　住民のほとんどが顔見知りというこの集落では、一戸締まりをする習慣がない。都井は難なく近隣の家に踏み込むと、その家の妻に日本刀を突き立てる。一緒に寝ていた次男と三男も刺し殺した。

その後はブローニング銃を使った。これは猛獣も仕留めることができるほどの威力を持った銃である。それが2発、3発と撃ち込まれるのだから、人間などひとたまりもなかった。

命からがら逃げ出した住人の通報を受けて巡査が駆けつけたときには、すでに都井の姿は消えており、即死28名、重傷後に死亡した者2名、負傷3名という惨状だけが残されていた。

その後大々的な山狩りが行われ、村から4キロほど離れた峠の山頂で、自殺している都井の姿が発見されたのである。

■犯人をかりたてた当時の背景

都井をこれほど残虐な犯行に駆り立てた背景には何があったのだろうか。

小学校時代は優秀で模範的な生徒だと評されていた彼の性格が一変したのは、

肋膜炎《ろくまくえん》を患ったことがきっかけだったようだ。そのうえ、徴兵検査では結核と診断され、丙種合格（不合格）になってしまった。当時は兵隊になってお国のために働くことが名誉だとされていた時代だ。この不合格は都井にとってかなりショックだっただろう。

しかも、結核だとわかったとたん、親しくしていた女性たちの態度も急に冷たいものに変わった。遺書からは、とくに2人の女性に強い恨みを抱いていたことが窺《うかが》える。当初は彼女たちに復讐するために、犯行を思い立ったらしい。

かつて結核は死亡率が高く、偏見の目で見られがちな病気だった。都井は、他意のないひと言にも疎外感を募らせていき、狂気の犯行に至ったのだろうか。理由はどうであれ、多くの家族や知人をひと晩のうちに失うという事態は、残された村人に大きな衝撃を与えた。

都井睦雄

山林に囲まれた加茂町の風景はひと昔前の日本を思い出させる。集落には新しい家々が建ち並び、かつてのできごとを匂わせるものはない。若い人には事件があったことさえ知らないことも珍しくないようだ。事件はもはや過去のものとして風化しつつある。

公害と戦って消えた村

■足尾銅山の毒におかされた村

渡良瀬《わたらせ》遊水地は、埼玉県、茨城県、栃木県、群馬県にまたがって位置する広大な湿地帯で、1000種類以上もの植物や、さまざまな鳥や魚が生息している場所だ。ところが、その遊水地や貯水池を作るために廃村に追い込まれた村がある。それは、栃木県下都賀《しもつが》郡旧谷中《やなか》村だ。

今はなき谷中村の歴史を語るうえで、足尾鉱毒事件を避けて通るわけにはいかない。足尾銅山は現在の栃木県日光市に位置し、江戸時代から貨幣鋳造《ちゅうぞう》用の銅の採掘が盛んだった。明治になると日本を代表する大鉱山に発展している。当時、銅は絹と並んで日本を代表する貴重な輸出品とされていたのだ。

しかし、急激に開発が進む一方で、銅の精製時に発生する鉱毒ガスや、硫酸などの鉱毒が含まれた排水が垂れ流されていたのである。

やがて、鉱毒ガスは酸性雨となって周辺の野山に降り注ぎ、流れ出した排水は銅山のふもとを流れる渡良瀬川に運ばれて下流の村々に大きな被害をもたらしていく。

村の取りつぶしに抵抗する村人たち

そんな村のひとつである谷中村は、秋にはたくさんの稲穂が黄金色に輝く肥沃《ひよく》な農村地帯だったのだが、事件をきっかけにして景色が一変してしまうことになる。

水田の稲は立ち枯れ、一粒の米も実らない。畑の作物はことごとく腐り果て、川面には汚水によって息絶えた鮎が大量に浮かんだのである。

ついに渡良瀬川流域の村民たちの我慢は限界を超え、こぞって立ち上がる。彼らの鉱毒反対運動は日を追うごとに活発になっていった。

その中には、栃木県出身の衆議院議員である田中正造の姿もあった。

「真の文明は山を荒らさず、川を荒らさず、村を破らず、人を殺さざるべし」

田中は何度も国会で渡良瀬川の被害状況を説明したものの、政府は効果のある対策を打ち出そうとはしない。

そんな政府の態度にしびれを切らした田中は、議員を辞職して鉱毒反対運動にすべてを捧げることを決意する。

その直後、彼は足尾銅山の鉱毒反対の陳情書を持って、みずから明治天皇が乗る馬車目がけて走り出したのだ。いわゆる直訴《じきそ》である。

警備に取り押さえられて田中の直訴は失敗に終わったが、この命懸けの行動により足尾銅山の鉱毒問題と田中正造の名前は、全国に知れ渡るようになる。

■強制的な村の買収

ところが、被害がますます大きくなり反対運動が盛り上がってくると、政府は谷中村全域を強制的に買収して、この地に鉱毒を沈殿させるための遊水池を作る計画を立ち上げたのである。

谷中村は当時、鉱毒反対運動の中心地となっており、運動の中心的存在であった田中もこの谷中村に転居していた。

そのために、運動の鎮静化を狙った政府が谷中村の廃村を企てたのではないかという噂も立ったほどだった。

谷中村の村民たちとともに田中も最後まで廃村に反対し続けたが、村に残れば犯罪者となり逮捕されるという状況にまで追い込まれてしまい、ついに政府の強行策に屈せざるを得なかった。わずかに残っていた家屋は国によって破壊され、村民たちは代々守ってきた土地を追われていったのだ。

ちなみに、田中正造は1913年、病に倒れ、72年の波乱に満ちた生涯を閉じている。私財を投げ打って反対運動に身を投じた彼は、死んだときにはまさに無一文だったという。残された全財産といえば小さな袋ひとつで、その中身はわずかな小物と日記や数冊の本だけだった。

彼の葬儀には数万という農民が集まり、公害問題と生涯戦い続けた田中との最後の別れを惜しんだという。

山津波で全村移転を強いられた村

■富士の湖畔にあるふたつの集落

富士五湖の中で、ちょうど真ん中に位置する西湖《さいこ》は、湖面に映える桜や紅葉、また釣り人から富士山をめざす登山客まで1年を通じて多くの観光客が訪れる場所だ。

地図を眺めていると、そんな西湖の湖畔には訪れる人々が利用する宿泊施設が集まった「民宿村」と呼ばれる地域がいくつかあることに気がつく。

そのうち、根場《ねんば》民宿村と西湖民宿村のふたつの集落は、じつはそれぞれ対岸の別の場所から移転してできた集落なのである。

この美しい西湖には、かつて巨大な山津波によって生まれ育った土地を失ってしまった人々の歴史があるのだ。

1966年9月、台風24号の影響による連日の大雨により、西湖周辺の山間部の地盤は緩んでいた。

山に囲まれた西湖と、そのふもとに広がる集落の地形を考えれば、この地がどれほど危険なものだったかは容易に想像がつくだろう。

自衛隊機械化部隊による村の復旧作業（写真提供：毎日新聞社）

そこへ今度は、台風26号の影響による集中豪雨が襲いかかる。

轟音とともにものすごい勢いで大規模な土石流が発生すると、山肌はもろくも崩れ落ちていく。

それは、どろどろの土砂と巨石にまみれたまさに〝山津波〟と呼ぶにふさわしい恐ろしいものだった。

家一軒ほどもある巨石と土石流は、足和田村と呼ばれた西湖周辺の集落をあっという間に押しつぶし、飲み込んでいった。

西湖に流れ込む本沢川と三沢川のふたつの川で

発生した土石流は、それぞれ流域の根場集落、西湖集落の中心部を直撃し、住民の多くが住む家を失ってしまうという大惨事を引き起こしたのだ。

のべ1万6000人の自衛隊による救助活動が連日行われたものの、山深い地域だったことや、大量の泥に足もとをとられて容易に目的地にたどりつけず救助活動も思うようにはかどらなかった、そのため、ついに最後までその姿を見つけることができなかった人も少なくなかった。

湖畔を歩いていて少しでも深みにはまると、あっという間に太もものあたりまで泥に沈んでしまったというほどだったのだ。

嵐が去り、徐々に見えてきたその被害の全貌は無残なものだった。

老人から幼い子供まで100名近い死者と行方不明者を出し、湖面には土石流とともに流されてきた何頭もの牛の死骸がプカプカと浮いていたという記録が残されている。

こういった山津波は、地元の人々からは〝蛇抜け〟と呼ばれて恐れられている。蛇のように音も立てずに急激に襲いかかってくることから名づけられたのだろう。

■移転後も続く人々の生活

被害に遭《あ》った根場集落、西湖集落の誰もが生まれ育った土地での再出発を希望したが、この土石流により酪農や養蚕《ようさん》などで生計を立ててきたふたつの集落は、そのすべてを奪われてしまった。

それに、いつまたこのような土石流が襲いかかってくるかもわからない。

住民は泣く泣く移転を決意して、現在の山奥の場所に宿泊業を生業《なりわい》とした新しいふたつの集落を作り全世帯で移転していく。こうして、現在の根場と西湖にふたつの民宿村が誕生したのである。

さらに、西湖エリア一帯には、かつて多くの茅葺《かやぶき》の民家が建ち並んでいたというが、これらの伝統的な民家も、もろくも土石流の中に埋もれてしまったのだ。

現在、かつての根場集落があった付近には、「西湖いやしの里根場《ねんば》」という茅葺屋根の民家を再建した観光施設が建設され、訪れる人でにぎわっている。

そこには、大災害の被害と、失われつつある日本の懐かしい原風景を忘れないようにという地元の人々の思いが込められている。

境界争いが600年続いた村

■京都の山奥に眠る石組みのあと

京都の北部を流れる由良川は、アユ釣りのシーズンともなれば多くの釣り客が訪れる清流だ。この川の源流のひとつに、地元の人々から親しまれている八丁川がある。八丁川が流れているのは京都北部にある京都北山で、今も手つかずの自然が残っているエリアだ。

豊かな水と緑に囲まれて四季折々の表情を見せる癒しの森で、京都をはじめ近辺の登山愛好家なら一度は訪れるという。

そんな八丁川に沿って山中に分け入っていくと、やがて明らかに人の手によって積まれたとみられる石組みが目に入る。

その苔《こけ》むした石組みの向こうに見える開けた土地こそ、かつて八丁村があった八丁

八丁の石垣と道路の跡（写真提供：西野幸夫）

山である。

八丁村は小さな集落だったが、明治の後半になると分教場もできて子供たちが学んでいたという記録が残されている。

ところが、この北山エリアは今でも冬になると積雪でたびたび車が通行止めになるほどの豪雪地帯だ。

当時から村の人々の暮らしはこの雪によって苦しめられてきたのだ。

■豪雪と境界争いに苦しめられる

1933年には、積雪が3メートルを超えたという豪雪が八丁山を何日にもわたって襲っている。村人たちはこの雪で完全に閉じ込められてしまったのだ。

蓄えていた食料はやがて底をつき、病人はふもとの診療所まで行くことができず、八丁村はまさに生きるか死ぬかという状況にまで追い詰められたのである。

いくら山の暮らしに慣れている村人にとっても、さすがにこのような状況は耐えられなかったのだろう。こうした生活に疲れ果てた村人は次々と村を離れていき、1936年には最後の1戸も村を去ることになる。

ひとりの住人もいなくなった八丁村は、ついに廃村となってしまったのだ。

さらに、この八丁村にまつわる話はこの廃村騒ぎに限らない。この村があった八丁山を、600年もの長きにわたってふたつの村が権利を主張して争ったという歴史が残されているのだ。

この一件に関しては、1878年にようやく権利争いを続けてきた上弓削《かみゆげ》村と佐々里村との境界が決定したということ以外の詳しい記録は残されていないが、山をめぐる争いは古く鎌倉時代の頃から続いていたと考えられる。

八丁村はそれほどの歴史がある土地なのである。

■わずかに残った村の痕跡

現在では京都市右京区の一部となっているこの地域だが、八丁村のあった場所はいつからか「廃村八丁」と呼ばれるようになり、廃墟ファンばかりか、登山客の間でも休憩ポイントとして有名になっている。

その昔、人々が暮らした家屋の多くは土に還《かえ》り、今では古い石垣や朽ちかけた数軒の遺構がかろうじて残るばかりだ。

その一角には、かつてここに村があったことを記した小さな看板が木に吊るされている。村の歴史が書かれたそのわずか数行の文章と数軒の遺構がなければ、この地で人々が懸命に生き抜いたという事実は歴史の彼方に消え失せてしまっていただろう。

さらに、村の跡地には今でも木製の鳥居が残っていて、その先の小高い丘に続く石段を登るとかつての神社のなごりなのだろうか、小さな社《やしろ》にたどり着く。

ここを訪れる登山客は、誰もがこの社に静かに手を合わせていくという。それは、かつてここに暮らしていた人々と同じしぐさなのだろう。

火山の噴火で埋まった村

■477人の村民が命を奪われる

世界でも有数の火山列島である日本には、現在111の活火山がある。群馬県と長野県の県境に位置する浅間山もそのひとつだ。

浅間山は標高2568メートルを誇る独立峰である。その雄大で美しいフォルムは訪れる者を魅了するが、一方では、今なお活発な噴火活動が続いている。

実際、浅間山の噴火はこれまで周辺地域に甚大な被害をもたらしてきた。

なかでも、1783年に起こった大噴火は史上最大級の規模で、噴火による死者はじつに1500人以上といわれている。

そのときに流れた吾妻火砕流の溶岩が冷えて固まり、北軽井沢の奇勝として知られる「鬼押出し」の景観を生みだした。

また、この大噴火では、吾妻火砕流とは別の鎌原《かんばら》火砕流という火砕流が猛威を振るい、群馬県鎌原村という一村を丸ごと飲み込んでしまったのである。

噴火が始まったのは天明3年の旧暦4月9日だった。

最初こそ小規模だったものの、5月に2度目、6月には3度目の爆発が起こり、このときは周辺に軽石が降下し、江戸でも降灰が確認されたほどだった。

そして、7月に入ると断続的な噴火活動が始まり、6日夜から8日にかけて最大規模の爆発が起こったのである。

1958年12月の浅間山の噴火

立っていられないほどの激しい揺れと巨大な爆発音とともに発生したのは火砕流と岩屑《がんせつ》なだれだった。

とくに北麓の群馬側へは、山肌を削り途中の岩石や土砂を巻き込んだ土石流が流れ込み、鎌原村を襲ったのだ。

鎌原村は浅間山の火口から北へ13キロメートルの場所に位置する、100戸前後が暮らす集落である。この村を襲った土石流は、家屋も家畜も、そして人間をも飲み込んで吾妻川に流れ落ちた。

土石流のスピードは推定で秒速100メートルだったというから、その勢いたるや想像を絶するものだっただろう。

噴火によって村はあとかたもなく消え、570人ほどの村民のうち477人の命が奪われてしまった。

水が引いたときには、人や馬の死体が浅瀬に上がったが、その姿は人の形をとどめておらず、あちこちを岩石で切断されたものがほとんどだったという。

■土の中から出てきたふたつの白骨

群馬県嬬恋《つまごい》村に現存する鎌原観音堂では、当時の惨状を目の当たりにするあるものが実際に発見されている。

それは、天明の大噴火による土石流で生き埋めとなった2人の女性の遺体だ。

これは1979年の地中発掘調査によって発見されたものだが、遺体はほぼ白骨化していたものの、衣類や頭巾の布、頭髪や皮膚がわずかに残り、体の一部はミイラ化していた。

観音堂の石段は全部で15段だが、実際には50段あり、残り35段は6メートルもの厚さの土石層で覆われていることが調査で判明したのである。

発掘調査で発見された石段。この下部から遺体が発見された。（写真提供：時事）

このことから読み取れるのは、火砕流や土石流に襲われた住民が高台にあるこの観音堂を目指し、35段を越えて登りきった者は生き延び、たどり着けずに力尽きた者は生き埋めになったという残酷な事実なのである。

浜の浸食と原発に葬られた村

■「海賊村」と呼ばれた村の真の姿

新潟県柏崎市から新潟市方面へは国道402号線が走っているが、地図をよく見ると1ヶ所だけ、ものさしで線を引いたかのように海辺を避けて道路がある箇所がある。じつは、そこは〝海賊村〟と噂された村、角海浜《かくみはま》があった場所だ。

角海浜は現在の新潟市西蒲区《にしかん》の海岸地域に位置する。角田山《かくだ》の海側の崖下に張り付くようにして形成された角海浜は、その起源を11世紀にまでさかのぼる歴史の古い集落だ。

しかし、海に面していながら漁業はほとんど行われず、農業に従事する者もけっして多くはなかった。しかも、かつては村に道路が引かれておらず、交通手段は船のみだった。これでは海賊村だと噂されるのもしかたがなかったかもしれない。

新潟には古くから「越後の毒消し売り」という商売があった。かすりの着物に手甲《てっこう》脚絆《きゃはん》姿で、腹痛の薬を売る行商のことである。

売り歩くのはおもに女性で、独特の売り声であちこちの村を歩いた。この毒消し売りの発祥地が、じつはこの角海浜なのである。

現在の角海浜（写真提供：B・Y）

江戸時代には250戸の大集落があり、薬の製造や管理は称名寺という寺に委ねられていた。

当時、女たちは製塩に携わることが多かったが、それを収入に結びつけることは難しく、毒消しに転ずる者が多く出た。最盛期には周辺の集落を合わせて2500～3000人もの毒消し売りがいたという。

つまり、ここは海賊とはほど遠い、薬売りで生計を立てる女の村だったのである。

ただ、角海浜には大きな難点があった。それは、すぐ目の前が日本海で背後が山という危うい立地である。そう、この集落が廃村に追い込まれた最大の原因は海岸線の浸食だったのだ。

角海浜の砂浜は幅が約２００メートルあり、海辺に住居が建てられていた。しかし、数十年ごとに大きな浸食現象が起こり、そのたびに何軒かの家屋が海にのみこまれていった。始まりは定かではないが、村人は江戸時代にはすでにこの浸食に悩まされていたという。

浸食で浜はどんどん後退するため人々は角田山麓へと移り住むが、背後にもはや逃げ場はない。江戸時代に２５０戸あった住居は、１９０３年には87戸にまで落ち込んでいる。

この村はじつに長い年月をかけて人口が減少した村だったのである。

■原発建設の候補地になり人が消える

昭和に入ると海岸浸食がますます進み、残された浜はごくわずかであったが、それでもまだ数戸の住民が残っていた。

じつは、彼らが村を捨てた決定的な理由はもうひとつある。それが原子力発電所の建設計画だった。

昭和40年前後といえば日本の原子力発電の夜明けと重なる時期だ。そこで、当時建設地を探していた東北電力が、人が住むにはもはや過酷な角海浜を絶好の候補地として選んだのだ。1969年のことである。

それから、この集落から人がいなくなるのにそう時間はかからなかった。

原発の話が持ち上がった同年の村民は老人ばかりが16人で、これが2年後には6人になり、さらに3年後には角海浜の人口はとうとうゼロになってしまう。

その後、原発建設計画は無人の角海浜を管理する巻町（現・新潟市）を揺るがす大きな問題となった。賛成派と反対派が長きにわたって激しく対立したが、1996年の住民投票で反対票が多数を占めたことで、原子力発電所の建設計画は白紙撤回されたのである。

奇しくも、原子炉は毒消しの薬がつくられていた称名寺跡に建設される予定だったという。

今ではすっかり砂に埋もれてしまった無人の村落跡には、角海浜が確かに存在したことを知らせる石碑がひっそりと残るのみである。

なだれに巻き込まれて消えた集落

■集落の長い歴史を襲った白い悪魔

村が廃村になるとき、「あと5年でなくなります」というように期限が切られている場合なら、抗議行動を起こしたり、引っ越しの計画を立てたりと、住民らは何らかの形で準備をすることができる。

しかしあるとき、何の前触れもなく一瞬にして村がなくなってしまったとしたらどうするだろうか。きっと誰もが放心状態になり、目の前で起こった現実を受け入れることができないにちがいない。

福井県に存在した横倉は、まさにそんな悲劇に見舞われた集落だ。

1963年、住居も財産も、そして尊い人間の命も一瞬にして奪われてしまう出来事が起こった。

横倉集落があった勝山市は福井県の東北部に位置し、北側を石川県に隣接する市である。九《く》頭《ず》竜《りゅう》川に沿った河岸段丘や、遠く霊峰白山を望むなど自然に富み、恐竜の化石が多数発見されていることから恐竜のふるさととしてもおなじみだ。

また、このあたりは古くから白山信仰が盛んで、勝山市には白山の開祖・泰澄《たいちょう》大師によって開かれた平泉寺白山神社もある。

除雪作業をする人々（写真提供：共同通信社）

その横倉集落の歴史は古く、廃村までに４００年の歴史を誇った。林業や農業、養蚕などで栄え、明治時代にはすでに４００人以上の大集落ができていたという。

そんな村がなぜ、一瞬にして壊滅的な状況に追いやられたのか。

それは、けっして誰も防ぐことができない自然災害がもたらした末の悲劇だった。

■大なだれが村人を生き埋めにする

最近ではゲリラ豪雨や猛暑など、地球温暖化による異常気象が取りざたされているが、もちろん過去にも異常気象による災害はいくつもあった。

横倉集落が消滅した発端は、1963（昭和38）年の大寒波による豪雪までさかのぼる。

平野部でも50センチ～1メートル、そして山沿いでは3メートルにも届こうかというほどの積雪となり、県内の交通は国鉄、私鉄、バスともにすべてストップした。身動きひとつとれない村民は、猛烈な吹雪が過ぎ去るのをただ待つしかなかったのだ。

やがて前線の動きは弱まり、吹雪もおさまった。ところが、今度はそれと入れ替わるようにあちこちでなだれが相次ぐようになる。そして1月24日の午前11時30分ごろ、横倉の集落を大規模な表層なだれが襲った。民家や神社、公民館までもが瞬時に押しつぶされ、住民19人が生き埋めになってしまったのだ。

災害の一報は近隣にすぐ伝わったが、大雪のため救助隊はなかなか到着することができなかった。しかも、現在と違って役場には大型の除雪機などはなく、除雪や防災は人力に頼るしかなかった。

ようやく辿り着いた救助隊と住民が雪まみれになるなか、倒れた建物からけが人を引っ張り出すなど必死の救助が続いた。倒壊した家屋に一昼夜閉じ込められながらも奇跡的に一命を取り留めた乳児もいたが、最終的に死者は16名にものぼってしまった。

そして、すべてが終わったときには、横倉はもはや村としての機能をほとんど失っていた。家々は廃墟と化し、途方にくれる人々がなすすべもなくそれを見つめていた。

もちろん、そこに踏みとどまり復興を目指そうとした者もいたが、ほどなくして最後の住民が村を離れ、集落は消滅したのである。

年号をとって「三八《サンパチ》豪雪」と名づけられたこの豪雪は、横倉以外にも北陸地方を中心に大きな爪痕を残した。福井県内だけでも家屋の倒壊は２００世帯、死者20名を出したのである。

現在も地図に「横倉」の文字は残されているが、そこにかつてのような集落は存在しない。しかし近隣には、農業や墓参りのために集落跡に通う人々が今も住み続けている。

日本最大規模のダムの底に沈んだ村

■ダムに沈むことが決定した村

木曽三川《さんせん》のひとつである揖斐川《いびがわ》をせき止めて建造されたのが、岐阜県の揖斐川町にある徳山ダムである。

静岡県の浜名湖2つ分という貯水量は6億6000万立方メートルと日本一を誇り、最上部の長さが約427メートル、ダムの高さが161メートルと、規模そのものも日本最大級といっていいだろう。

完成は2008年と比較的まだ新しいが、ダム事業の歴史はじつに半世紀にも及んでいる。そして、それはダムの完成とともに消滅した村の翻弄の歴史でもあった。

電源開発促進法に基づき、徳山村を流れる揖斐川に調査が入ったのは1957年のことだ。これが日本一のダム建設という壮大な計画の出発点である。

その役目は揖斐川の水量維持、愛知・岐阜両県の生活用水や工業用水の供給が主で、さらに、１９５９年には伊勢湾台風が襲来し、中部地方は甚大《じんだい》な被害を受けたため、洪水対策という重大な役割も加わることになったのである。

しかし、その予定地には徳山村があった。

福井県と滋賀県の県境という険しい立地ではあるものの、おもに林業を生業とし、８つの集落からなる大きな村である。

村民同士のつながりも濃く、季節の行事や祭りなどで古くからの暮らしを守っていたが、ダム建設計画が動き出すと村の移転をめぐる騒動が起こり、人々の生活は一変したのである。

貯水のために水没しつつある国道（写真提供：鹿取茂雄）

■水害に苦しむ人々の悲願

ダム建設の話が持ち上がれば賛否の声が上がるの

は当然のことだが、それによって翻弄されるのは移転宣告を受ける住民である。

このときの徳山村も同様だったが、近隣住民が環境破壊などの問題でダム建設に強固な抵抗の姿勢を見せるなか、当の村民たちの心中は複雑だった。

ある村民は、「一所懸命にはじめは反対した。だけど、国が一度やろうと思ったことは戦争もダムも必ずやるから大河に蟻《あり》が逆らうようなもの」と、当時の胸のうちを述懐している。

ダムに関する賛否の声が日々ニュースとなって流されるなかで、当の村民たちも少なからず抵抗した。

しかし、その声が大きなうねりになるのと同時に、それをかき消すような声が上がったのも事実だ。なぜなら、徳山ダムは水害に苦しんできた「流域住民の悲願」だという大義名分があったからだ。そんなこともあって、村に早々にあきらめムードが漂ったのは無理もないことだったのかもしれない。

結局、１９８７年には４６６戸、約１５００人が移転し、徳山村は旧藤橋村（現・揖斐川町）に編入合併されて地上から姿を消したのだ。

しかし、ここからダムの建設計画は何度も延期を繰り返し、完成をみるまで20年以上の歳月を要したのである。

徳山村の様子をおさめた写真集には、ありし日の徳山村の風景とともに、村がダムに沈むまでの様子がおさめられている。

また、村人の移転後の生活にも触れており、それによると一部の村民は住み慣れた村を出たとたんに笑顔を失くし、痴呆になった者、寝たきりになった者、心を病んだ者、そして、その果てに自殺する者まで出たのだという。

しかし、ダムが機能し始めた今も、徳山の名はニュースをにぎわせている。

というのも、このダムにはかねてから導水路を建設して愛知県に水を供給するという計画があったのだが、ここへきて名古屋市が事業そのものの必要性に疑問を呈して事業からの撤退を示唆し、事実上、工事が凍結されているのだ。

その理由のひとつが、ダム建設当時から反対派も指摘していた水余りだというからなんとも皮肉な話である。

自然に還りつつある東京都内の廃村

■電車で行ける伝説の廃墟

「東京」と聞くと、華やかで活気にあふれた首都のイメージを誰もが想像する。しかし、一歩郊外へ出れば、そこにはまだまだ手つかずの自然が多く残されている。都心からJR中央線で2時間弱の奥多摩はその代表格と言っていいだろう。

その奥多摩の山中に、もはや伝説化した廃村がある。それが峰だ。標高約600メートルに位置し、辿り着くには登山道とそこから続く荒れた道を1時間以上歩かなくてはならない。しかし、今もそこには家屋跡や石塀など、生活痕が生々しく残されているのだ。

都心から気軽に行ける伝説の廃村とあって見学に訪れる人々の姿が後を絶たないのだ。

現在の最寄り駅である青梅線《おうめせん》鳩《はと》ノ巣《す》駅には、1899年、若き日の柳田國男が峰を訪れ、村長を務めていた福島文長家に滞在し、その経験が後の民俗学研究の原点になったことを伝える看板が立っている。

かつて存在していた倒壊寸前の家屋（写真提供：ruins-rider）

この福島家こそが、今から500年以上も前に峰の集落を築いた一族の末裔《まつえい》であり、また最後の住民であった。

この長きにわたり、人々はここでどのような暮らしをしていたのか。

じつは、峰の集落の歴史に関する資料はあまり多くない。だが、わずかな史実とそこに遺された足跡をまとめると、峰の成り立ちは少なくとも15世紀頃にさかのぼるようだ。

他の奥多摩の集落がそうだったように、峰は林業によって支えられた集落で、木材や炭などで生計を立てていた。

振袖火事と呼ばれた１６５７（明暦３）年の明暦の大火は江戸の大半を焼き尽くしたが、その復興には奥多摩の木材がおおいに活躍した。その供給地として峰が果たした役割は大きかったと考えられる。

そうした繁栄のせいか明治時代になると、峰はこのあたりではかなり裕福な集落として名が知れるようになる。

では、それほどの金持ち集落がなぜ没落したのか。

ひとつの村が廃《すた》れるのにはさまざまな経緯があるが、峰のそれは端的にいえば過疎である。

太平洋戦争の終結後、急激に経済成長した日本は外国から安い木材を輸入するようになった。国内の林業が廃れるとともに、峰もみるみるうちに貧しい集落になってしまったのだ。

■他集落との交流も難しい陸の孤島

戦後の経済発展とともに峰にも昭和30年代はじめには電気が通り、生活はそれなりに近代化したが、集落自体はまさに陸の孤島という言葉がピッタリだった。

歩いて1時間以上かかる棚沢という集落まで出なければ、峰以外の人と交流すらできなかったという。

最盛期は15戸前後まで増えた住民も、月日を追うごとにひとり、またひとりと村を出ていったという。そして、1972年、福島一族の儀左衛門が山を下りたことで集落に住む者は誰ひとりいなくなったのである。

峰の時計が止まってから50年近くが経つ。今、廃墟には倒れてそのままの古い道標や、底をのぞくには不気味すぎる古井戸、ぞんざいに束ねられた廃材、そして墓石などが点在している。

住居跡はわずか2軒で、家の中に古い新聞や本、時計などがそのまま遺されているが、もはや崩落しており原形はとどめていない。唯一、人の管理下にある日天神社だけが、住人のいなくなった村を見守るかのようにぽつんとたたずんでいるだけだ。

ハイキングの盛んな奥多摩にあって、峰の集落跡はどこか異次元の空間を感じさせるミステリアスな雰囲気に包まれている。東京という大都会で隔絶された伝説の廃村は、もう少しこの姿をとどめているにちがいない。

4章　日本にある立入禁止地帯

皇族も入れない伊勢神宮の心臓部

■昔から続く参拝の地

「お伊勢いきたや、伊勢路がみたい、せめて一生に一度でも」という伊勢音頭が流行したのは江戸時代のことだ。

当然ながら、当時の人々は日本全国から三重県の伊勢まで徒歩で参拝した。大阪からは片道5日、東京ならば15日、岩手からになると100日もかかったというから、当時の人々にとってお伊勢参りは大イベントだったにちがいない。

しかし彼らは、何重にも囲われた垣根の外からしか肝心の神様に参拝できなかった。じつは、伊勢神宮には皇族でも入れないと噂される、禁断の場所があるのだ。

現在でもそれは変わらず、「正宮《しょうぐう》」と呼ばれる社には、一般の人は入ることはもちろん、中を見ることもできないのである。

ご正殿の屋根

■厳重に守られた神聖な場所

伊勢神宮とは、太陽を神格化した天照大神《あまてらすおおみかみ》を祀る内宮《ないぐう》と、衣食住の守り神である豊受大神《とようけのおおかみ》を祀る外宮《げくう》の総称で、正式には「神宮《じんぐう》」という。内宮・外宮の両方にあって、それぞれの神様が祀られているのが、問題の正宮だ。

外側から板垣、外玉垣《そとたまがき》、内玉垣《うちたまがき》、瑞垣《みずがき》という四重の垣根に囲まれ、板垣の南北の両門内には宿衛屋があり、神職が交代で1日中神様を守っている。

そして、一番内側の瑞垣の聖域が「内院」といい、どこよりも神聖な一画とされている。ここに「ご正殿《しょうでん》」がある。

内宮のご正殿には天照大神が、外宮のご正殿には豊受大神が鎮座しており、皇族でも入ることができないと噂されるのはこのご正殿と思われる。

一般参拝者は板垣の外から参拝するのだが、板垣の門には白い布がかかっていて、強風でも吹かない限りチラリとも中の様子をうかがうことはできないのだ。もちろん監視も厳しく、写真などの撮影は一切禁止されている。

■20年に一度の大規模な建て替え

ご存じの方も多いと思うが、伊勢神宮では20年ごとに大きな祭が行われ、正宮は内宮、外宮ともに20年に一度そっくりそのまま、隣り合う同じ広さの敷地に建て替えられる。板垣からご正殿に至るまですべてだ。

その理由は、日本最古の建築様式の伝統と技術を伝えるため、そしていつまでも聖域が清浄であるようにという願いからだといわれている。

この建て替えを「式年遷宮《しきねんせんぐう》」という。

『日本書紀』によれば内宮が造られたのは２０００年ほど前、外宮は１５００年ほど前で、年代こそ違いはあるが大かた似た造りになっている。

式年遷宮は１２００年以上の昔から続けられており、最近の大祭は２０１３年に行われている。おもな行事や祭典は山口祭や木本祭に始まり、遷御、奉幣、御神楽まで30にも及ぶものだ。

式年遷宮で使われる新しい木材を運ぶ「御木曳」

ちなみに、内宮の正宮の南門正面からはご正殿の「ご」の字も見えないが、正宮の背後にある荒祭宮《あらまつりのみや》に回ると、板垣の向こうにわずかにご正殿の茅葺きの屋根を拝むことができる。

それだけでもありがたいという気持ちになるのは、皇族でも入れないといわれる禁断の聖域だからだろう。

東京湾に残る明治時代の要塞跡

■目に入れることも許されなかった施設

船に乗って東京湾を沖に向かい、千葉県の富津岬あたりまで進むと、殺風景な人工島が点在するのを目の当たりにする。

これは、「海堡《かいほう》」といわれる明治から大正にかけて造られた要塞の跡だ。海堡とは海の上に造られた要塞のことで、かつて東京湾内にも首都防衛のための3つの海堡が築かれていたのだ。

海堡が造られたのは、富津《ふっつ》岬から対岸の神奈川県横須賀市を結ぶ海上だった。東京湾の入り口に近い場所にまるで弧を描くように3つの海堡が設置され、外敵の侵入を防ぐための防衛線が張られたのである。

この海上要塞は軍の重要機密であったため、一般の人は海堡に立ち入るどころか近づくことさえ許されていなかった。

当時、富津の沿岸を走った列車では海堡が見えないように海側の席の鎧戸《よろいど》を下ろすことが命じられたくらいだ。

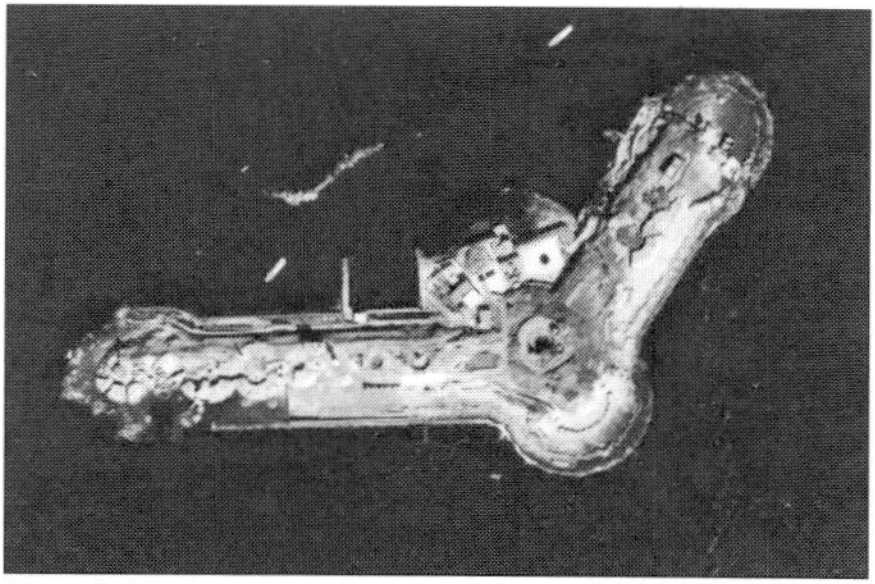

第二海堡（1988年）（© 国土画像情報（カラー空中写真）国土交通省）

さらに、富津や横須賀の街並みや海岸の様子を捉えた写真で、明治から昭和初期にかけてのものが極端に少ないという話がある。海堡一帯の地形が外部に漏れることのないように、これらの地域での写真の撮影は禁止されていたからだ。

現在の東京湾では、そのうち第一海堡と第二海堡のふたつの遺構を見ることができるが、そのどちらにも無断で上陸することは許されていない。

■関東大震災で崩壊する

これらの海堡が造られたのは明治から大正時代に

かけてのことだ。当時の陸軍卿、つまり日本陸軍のトップだった山県有朋《やまがたありとも》は富国強兵策を推し進めて日本の軍事力を高めようとした。

彼の主張をきっかけに、東京湾に3つの要塞を設置するというこれまでに類を見ない大工事が始まったのである。

ところが、工事は困難を極めた。とくに水深40メートル以上という難所に計画された第三海堡は打ちつける波と風によって何度も島の土台が崩れ、その完成は当初の予定よりも大幅に遅れてしまう。

最終的には、予定から10年あまり遅れた1921年になってようやく完成した。この工事には、現在の金額で140億円以上の予算がかけられたという。

工事にはのべ数十万人もの人が携わったが、その一方で多くの犠牲者も出た。富津市にはそんな犠牲者を追悼するための石碑が建てられている。

しかし、3つの海堡が揃ってからわずか2年後の9月に、関東一円で10万人以上の犠牲者を出した関東大震災が発生した。苦労の末に完成した海堡も被害に遭い、第一、第二海堡は破損。第三海堡はその大部分が水没してしまった。

結局、要塞としてはほとんど機能しないまま3つの海堡は幻の要塞になってしまったのである。

■再整備が進められる現在の海堡

３つの海堡のうち、第三海堡は２００７年までに撤去された。海に沈んだ第三海堡は暗礁になってしまい、東京湾の入り口では巨大な貨物船が座礁するなど、何度となく海難事故が発生していたのである。

そのため、この第三海堡が沈む浦賀水道航路は難所中の難所と言われてきた。

それでも80年以上も崩れかけた姿で残されていたのは、海堡があまりに頑丈に築かれたため、簡単に撤去することができなかったからである。

現在、第三海堡の遺構の一部は横須賀市のうみかぜ公園に設置されている。引き揚げられた１２００トンものコンクリート製の兵舎の高さは5メートルもあり、入り口の壁面にアーチ状に積まれたレンガはほぼ当時のままの姿で残っている。

この巨大な遺構が、かつて立ち入ることができなかった幻の要塞がどれだけの大きさだったかを物語っているのだ。

1300年続く女人禁制の山

■山伏たちの厳しい修行の山

「紀伊山地の霊場と参詣道」は、2004年7月に世界遺産に登録された名前である。一般的には「熊野古道」のほうがよく知られているかもしれない。

地域としては奈良、和歌山、三重の3県にまたがる総面積約500ヘクタールという広大な部分を指す。紀伊山地にある3つの山岳霊場とそこにつながる参詣道、それを取り巻く風景が世界遺産として認められたのだ。

3つの山岳霊場とは、真言密教の高野山、神仏習合の熊野三山、修験道の吉野・大峯《おおみね》だ。三県の県境を中心に、それぞれに参詣道が延びている。

しかし、その中には女性が立ち入ることができない区域がある。奈良の大峯山を中心とした約10キロメートル四方のエリアだ。

大峯山とは、大峯山系という山々の総称で、一般に吉野熊野国立公園の中心をなす地域の北部を「吉野」、南部は「大峯」と言っている。

吉野からこの大峯山系を経て、熊野の熊野本宮大社に続く約80キロの道のりが大峯奥駈道《おくがけみち》と呼ばれる道なのだが、ここは今でも山岳宗教である修験道の修行の場で、尾根にそって険しい道が続いているのだ。

女人結界門

大峯山系には、高さ約１７１９メートルの山上ヶ岳があり、その山頂に大峯山寺本堂がある。大峯山寺はおよそ１３００年前、のちの修験道の開祖となる役《えんの》行者《ぎょうじゃ》が修行し開いた霊場といわれている。

修験道は、この山上ヶ岳を根本道場としていて、山上ヶ岳への女人禁制をかたくなに守り続けているのだ。

愛媛県の石鎚山《いしづちさん》や岡山県の後山《うしろやま》など、ほかにも一部規制の残る山もあるが、山全域が女人禁制となっているのは山上ヶ岳だけである。

一般に大峯山寺本堂への道のりは、洞川《どろがわ》温泉から山上ヶ岳を登る徒歩4時間の厳しいものだ。ところが、途中の大峯大橋の先には女人結界門があり、女性はそこから先に立ち入ることができない。

これは、1300年来守られてきた修験道の伝統なのだ。

だが、その一方で、「女人禁制の世界遺産とは腑に落ちない」との意見もある。現に2005年11月に、大峯山の女人禁制に反対する人々による「大峯山に登ろうプロジェクト」が立ちあがり、寺院側に解禁を求めて質問書を提出している。

話し合いの最中に、大峯登山を強行した女性メンバーがいて、寺院やマスコミから批判を受けるという一幕もあった。

■女性が入れないわけ

かつては霊山と呼ばれる場所の多くが女人禁制だった。富士山も江戸時代後期頃まではそうだったようだ。

しかし、明治時代に入ると立山、白山、比叡山、御嶽山、高野山など多くの山で次々と女人禁制が解かれていった。

霊山で女人禁制がなされた理由は諸説ある。単純に、山道は険しく女性には危険だからという説や、山の神は女性なので女性が入ると嫉妬するという説が一般的だ。

あるいは、流れ出る血も一種の排泄物であり穢《けが》れたものなので、生理中の女性は神聖な場所に入ってはいけないとする女性蔑視的な説も根強くあった。

しかし、もっとも説得力があるのは、修行の場において性欲は禁物だという性欲説かもしれない。

本来、日本の仏教に女性の立ち入りを禁止する戒律はひとつもない。それでも智慧をもって煩悩を制御することを理想としているため、煩悩のひとつである性欲を抑えることも務めと言える。

出家者は性欲を刺激する可能性のある行為はすべてNGだが、そばに女性がいるだけで心が揺らいで禁を破ってしまう恐れがあるため、男性の修行場から女性を排除したと考えられるのだ。それを、守るべき伝統文化と捉えるか、女性差別と捉えるかは立場や考え方によって違うようである。

今も空海が暮らす高野山の奥之院

■空海は今も生きている？

近頃、若者たちの間で仏像鑑賞やお遍路さんがブームになっている。不安定な社会の中で、人々は癒しを求めて仏教にたどりついたのかもしれない。

そんな仏教人気のなか、高野山にも人が集まっているようだ。

高野山といえば、弘法大師（空海）が開いた真言宗総本山金剛峯寺があることで知られている。816年に厳しい修行の場として開かれ、日本の仏教の聖地となっている場所だ。

高野山とは、そこにある標高約1000メートルの山々の総称であり、一帯には117もの寺が密集している。至るところが寺の境内であることから一山《いっさん》境内地とも呼ばれ、高野山全体が寺と捉えられている。そして、弘法大師は、この高野山にある奥之院で今もまだ生きているといわれているのだ。

現実的にはありえない話だが、少なくとも高野山では、弘法大師は亡くなっておらず、奥之院のさらに奥にある御廟《ごびょう》でまだ修行を続けているというのである。

奥之院への入り口「一の橋」

■御廟に入れるのは世界でただひとり

御廟は、一般の参拝者はもちろん、奥之院の僧侶でさえ入ることが許されない場所だ。ところが、唯一入ることを許されている者がいる。それが奥之院の「維那《いな》」と呼ばれる僧侶である。

維那は毎日、弘法大師に衣服と朝夕2回の食事を給仕する役目を担っているのだが、中の様子は親兄弟にも他言することは許されておらず、僧侶同士でもけっして語ることができない。御廟の中のことは、代々維那を務めた人間しか知ることができないのである。

ただ、司馬遼太郎の『空海の風景』（中央公論社）の中に、空海のいる部屋についての記述がある。

古い書物だが、それによると、廟の建物の地下に180センチメートル四方の石室があり、そこに空海の即身仏が安置されているという。

■1200年以上続く空海の覚悟

弘法大師は、774年に香川県で生まれている。本名は佐伯真魚《さえきまお》といい、19歳で出家し、22歳のとき空海と名を改めた。

その後、彼は遣唐使の第一船に便乗し、当時の中国にあった唐の国でも修行をしている。

驚異的なスピードで密教を学び2年後に帰国した空海は、唐で学び得た真言密教を国内で広めるために高野山に根本道場を造った。43歳のときである。

入定《にゅうじょう》（石室の中で瞑想に入ること）したのは62歳のときだ。限りある肉身で生きるより、永遠に修行を続けながら人々を救おうと決意したのである。

即身仏となった体は、入定から50日目に空海自身が定めた決まりに従って、弟子たちの手で奥之院の御廟に移し納められたとされている。

「弘法大師」と呼ばれるようになったのは、のちに醍醐天皇からその諡号《しごう》（生前の行いを尊んで贈る名前）を賜《たまわ》ったときからである。その報告のために高野山に向かった観賢《かんげん》という高僧が奥之院の御廟を開け、彼を見たといわれている。

その姿があまりにも生き生きとしていたことから「今も生きて禅定（修行）し続けている」と信じられるようになったとの説がある。

ちなみに、御廟がある奥之院までは、表参道の入り口にある「一の橋」から約2キロメートルだ。

まっすぐなその参道の両脇は、樹齢千年という老杉の木立があり、その足元には20万基を超える墓石や記念碑、慰霊碑がやや窮屈そうに並んでいる。少しでも弘法大師のそばに、と願う人々の思いがその光景を生んでいると言えるのだ。

弘法大師の入定から1200年が経とうとしているが、今後も奥之院の御廟は維那以外の一切の立ち入りを禁じ続けることだろう。

日本銀行の地下にある巨大金庫

■日本の威信をかけた重厚な建物

大金が眠る銀行の地下金庫といえば、一般の人が容易に近づくことができない、まさに立入禁止エリアだ。

大量の現金や金塊、有価証券などを保管する銀行の金庫は、犯罪ばかりか、もしものときの災害にも耐えうる構造でなければならない。

なかでも、「銀行の銀行」といわれる日本銀行の地下金庫は、その大きさや強固さはおのずと日本でもトップクラスとされている。

東京都中央区日本橋にある日銀は、新館、南分館、そして旧館の3つの建物に分かれている。

日銀のシンボルにもなっている旧館の建物は1896年にこの場所に完成したもの

で、柱やグリーンのドーム式の丸屋根が印象的だ。この建物は国の重要文化財にも指定されている。

設計を手がけたのは、東京駅の設計も担当した建築家の辰野金吾《たつのきんご》だ。ネオ・バロック様式の美しく重厚な西洋建築は、明治中期の石造建築の傑作と言われていて、建物の内部にエレベーターや日本初の水洗トイレなど最先端の設備を取り入れたことでも話題になった。

日銀の旧館地下金庫（写真提供：時事）

そして、この旧館の地下1階に、日本で最初に造られた巨大な地下金庫が広がっているのだ。

およそ1500平方メートルと、バスケットボールのコート4面分ほどのこの地下金庫は、開館当時から使用されていた。

ただし、金庫としての役割は2004年に終え、現在は一般公開されているので、予約さえすれば内部を見学することができる。

■巨大金庫に入れる見学ツアー

見学者が旧館の地下階に降りるときに使うエレベーターは、かつてはお札や証券などの運搬に使われていたものだ。それだけにかなりの大きさで、地下の巨大金庫にはいったいどれほどの現金が眠っていたのかと想像させられる。

巨大金庫の入り口なのだから、さぞ大きな扉だろうと思いきや、実際に目の前に立ちはだかる鉄製の扉は、そんな想像をはるかに超えた大きさを誇っている。金庫の扉というよりは、もはや可動式の壁にしか見えないぶ厚さなのである。

この扉はアメリカ製で、厚さは90センチ、総重量は25トンにもなるという。1932年に金庫を拡張したときに取りつけられたもので、地下金庫にある3つの扉のうちで最大である。

一般見学のときには扉はすでに開け放たれた状態になっているが、扉と枠をつなぐ蝶つがいはまるで消火器のような太さなのだ。

サビ止めの油がかすかに匂う巨大な扉をくぐると、金庫はいくつかの部屋を通路でつなぐ形になっている。

壁や天井は建築当時のままのレンガ造りで、まるでワインやウイスキーを仕込んである地下蔵のような雰囲気だ。

明治に建築されたこの地下金庫は、東京の多くの建物をがれきと化した1923年の関東大震災も経験している。

しかし、当時の建築技術の粋を集めただけあって、日銀旧館は地上の建物も地下金庫もびくともしなかった。ただ近隣の火災が日銀の建物にも及んでしまい、その消火に使われた大量の水が地下にわずかに染み込んだため、壁にうっすらとシミを残した程度だったという。もちろん金庫の中は平静を保ったままで、震災後も休むことなく営業を続けていた。

この日銀旧館の見学は平日しか行われていないが、人気は上々だ。

なにしろ、100年以上現役で日本の経済を支えてきたまさに〝縁の下の力持ち〟をこの目で見ることができるのである。一度、見学したくなるのも当然だろう。

名湯の周辺に発生する有毒ガス

■異臭の原因は硫化水素ガス

「危険！　有毒ガス発生につき注意してください」

山奥への立ち入りを禁じるこんな看板に囲まれた温泉地が、秋田県に実在する。いったいどれほど危険な場所かと思うかもしれないが、じつはテレビや雑誌でもたびたび紹介されている評判の名湯なのだ。

最寄りとなるＪＲ奥羽線の湯沢駅からバスに揺られること約1時間。標高は1000メートル近くあるため1年を通じて涼しく、冬ともなれば道中の景色は一面の雪景色に変わる。そんな人里離れた場所にひっそりとあるのが泥湯《どろゆ》温泉である。

川沿いに昔ながらの木造の宿が建ち並ぶこの泥湯温泉の湯は、その名の通り泥のようなとろりとした独特の手触りに特徴がある。

白濁色や無色透明の湯など泉質は宿によってさまざまだが、どれも神経痛やリウマチに効くなど効能は豊かで、肌もすべすべになるといわれていることもあって女性客の姿も少なくない。

泥湯温泉近辺に立つ看板（写真提供：鹿取茂雄）

数日間滞在してじっくり体を癒す湯治客から日帰りで入浴を楽しむ旅行客まで、泥湯温泉は今日も多くの人でにぎわっている。宿泊の予約がとれないこともあるほどの人気で、温泉好きなら一度は訪れたい雪国の名湯なのだ。

ただし、宿からもほど近い場所にいくつも立てられている「有毒ガス注意」の看板には、くれぐれも注意が必要である。

温泉地に着いて車を降りたそのときから、誰もが一帯に漂う特有の匂いに気がつくことだろう。鼻をツーンとつくその匂いが、この泥湯温泉の近くに硫化水素ガスが噴き出す場所があるという何よりの証拠なのだ。

実際に、温泉地の周囲は地面から噴き上げる火山ガスで煙っていて、道路のアスファルトを突き破って温泉がボコボコ湧いている場所さえあるという。

そのため、湯船のお湯からも硫黄の匂いが漂う。源泉の温度もかなり高いため、水で温度を下げなければとうてい入ることはできないのだ。

この泥湯温泉の近くには、日本三大霊山に数えられている川原毛《かわらげ》地獄山もあることから、その光景はまさに地獄谷のようだともいわれている。至るところに「立入危険」の看板があるため周辺の散策には注意が必要で、1日のほとんどを宿の中で過ごす湯治客も多い。

残念ながら、泥湯温泉では硫化水素ガスによって温泉を訪れた家族連れが命を落としたという痛ましい事故も起きている。

とはいえ、事故以降は安全対策はさらに強化されているし、そもそも訪れるためにガスマスクを用意しなくてはならないというほどの危険地帯ではない。

危険区域を知らせる案内板に留意して、立入禁止エリアにさえ足を踏み入れなければ安心して温泉を楽しむことができるのだ。

■ガス発生時はサイレンが鳴る

　このように、火山性ガスによって立ち入りが禁止されている温泉地は、泥湯温泉だけではなく日本各地に数多くある。

　日本屈指の湯どころとして名高い草津温泉の近くにも、車で通ることはできるが、けっして車外に出てはいけない場所がある。

　群馬県の草津温泉と長野県の志賀高原を結ぶ志賀草津道路は、国道でもっとも標高の高い場所を通過するドライブコースとして人気だ。しかし、その途中で活火山の白根山が近づくと途端に植物がまばらになり、周囲は白茶けた岩肌がむき出しになる。

　この場所でも以前に急性ガス中毒で命を落とした人がいて、有毒ガスの発生時には注意を知らせるサイレンが鳴り響くのである。

　日本は世界でも有数の温泉大国といわれているが、それは同時に〝火山大国〟であることを意味している。もしも身近にこうした立入禁止エリアがあっても、興味本位で近づくことのないようにしたいものだ。

バイオハザード・レベル4の部屋

■恐怖の生物災害

バイオハザードとは、生物災害を指す言葉だ。おもに細菌やウイルス、微生物による感染を指し、その産物や医療機関などからの廃棄物などによって人間や自然の生態系を脅かす事態に陥った、あるいはその危険性を表していることが多い。

この手の実験や研究を行っているところを総称してバイオ施設と呼ぶが、日本では国立感染症研究所を筆頭にした衛生研究所がその代表格である。

これらの施設には、必ず危険を封じ込めるための機能が備わった部屋がある。病原体や遺伝子組み換え物質を外部に拡散させないための実験室である。

その厳重さは4段階に分かれており、それぞれ部屋の設計から設備、実験実施要項が異なっている。

たとえば、国立感染症研究所の病原体取扱実験室にも4段階のレベルがある。どの部屋がどのくらい危険かと言えば、人や動物に感染しても疾病を引き起こす可能性がない微生物を扱うのが「BSL1」だ。

このBSLとは「バイオ・セーフティ・レベル」の略である。

疾病の可能性はあるものの、感染力は低く、有効な治療法がある病原体が「BSL2」である。

そして、重篤な疾病を起こすが、感染力が低く有効な治療法がある病原体が「BSL3」となる。

最後に、感染すると重篤な疾病を起こし、感染力が高く、しかも有効な治療法や予防法がない病原体が「BSL4」である。

このBSL4の部屋は、関係者の中でも限られた人間だけが入室を許される場所である。それだけ危険性が高い病原体を扱うところということだ。

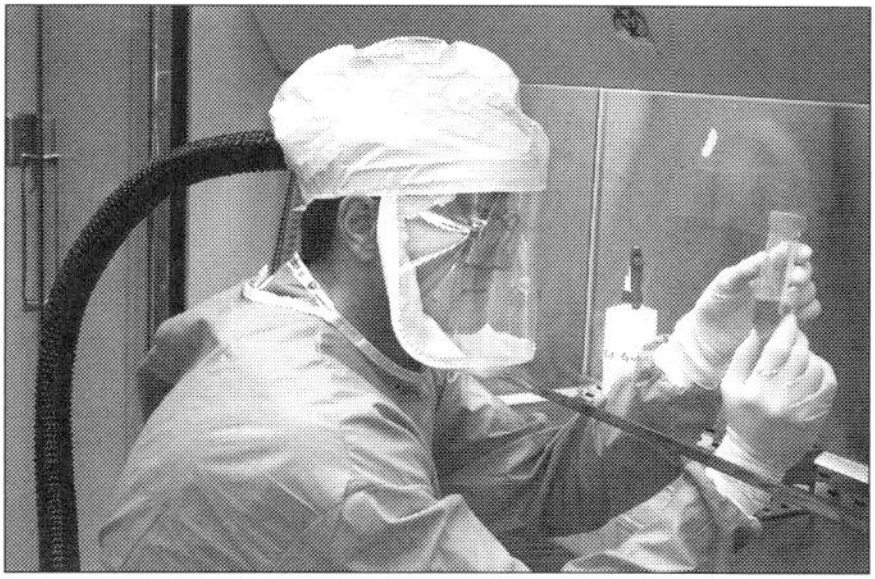
慎重にウイルスを扱う様子

このため、もっとも危険なＢＳＬ４は「高度封じ込め実験室」と呼ばれている。

■ウイルス封じ込めのための4つの段階

実験室の設備に関しては、ＢＳＬ１と２は特別な装置は指定されていないが、ＢＳＬ３になると部屋の独立性や気密性、給気・排気のフィルターや出入り口の二重ドア、消毒滅菌処理の排水、作業者の監視機能など、さまざまな設備が義務づけられる。

さらに、ＢＳＬ４になると気圧を保つためのエアロックやエアシャワー室、特殊廃棄物処理設備などが必須となっている。しかも、作業者は専用の防護服を着用することが決まりだ。

この防護服は、気密性があり、内部の気圧が外部の気圧より高い状態を維持できるもので、厚生労働省が定める規制に適合したものでなければならない。

実験室内の空気から体が完全に隔離されるように、頭のてっぺんからつま先まですっぽりと包み、呼吸までしっかり〝防御〟されるのである。イメージとしては宇宙服を思い出してもらえばいいだろう。

また、実験室への立ち入りは、ＢＳＬ１の場合ならその部屋の管理者の許可および管理者が指定した立ち会いのもとで出入りできるが、ＢＳＬ２になると一般外来者の立ち入りは禁止となる。

さらにＢＳＬ３とＢＳＬ４では、入室を許可された職員名簿に名前が記載されている者と管理に関わるスタッフ以外は入室できないうえ、原則として２人以上で入ることが決められているのだ。

バイオハザードなどというと現実離れしたもののように感じてしまうかもしれないが、２００９年に大流行した新型インフルエンザは、レベル３に分類される危険なものだった。

５月に国内初の感染者が確認されてからその数はあっという間に増え、秋には１週間で１５４万人を記録した。国内の累計感染者数は約２０００万人だったと推定されている。

今ではもう人々の記憶から消えているが、またいつ同じようなパニックが訪れるかわからない。なぜなら、今後もっと強力なウイルスや細菌が生まれないという保証はどこにもないからだ。

赤線時代の新宿二丁目

■にぎやかな街の過去

眠らない街・歌舞伎町をお膝元に抱える新宿は、東京を代表する繁華街のひとつだ。JR、私鉄、地下鉄など多くの路線が乗り入れる新宿駅は、1日の乗降客数が360万人を超えるといわれる。

そんな新宿にあって、新宿二丁目エリアはとりわけ異彩を放っている。〝二丁目〟といえば、全国的にも一大ゲイタウンとして知られている場所だ。

ところがこの一帯には、昭和30年頃まではまったく異質な空気が流れていた。新宿二丁目はいわゆる赤線地帯で、娼婦たちが客を取っていたのである。

そもそも、今の新宿の地に宿場街が開かれたのは江戸時代初頭のことだ。

当時は「内藤新宿」と呼ばれたこの地には多くの旅籠《はたご》や茶屋が建てられ、そこで飯盛女と称して客の相手をする女性を働かせるようになった。これが新宿が色街になった起源だといわれている。その後、明治時代には遊郭が立ち並び、新宿は当時の東京府から公的に認められた色街のひとつになったのだ。

しかし、１９０６年になると新宿御苑ができ、皇族も立ち寄るこの庭園の近くに一大歓楽街があることが問題になる。こうして新宿の色街は大正に入ってから、ちょうど今の新宿二丁目のあたりに移転することになったのである。

赤線地区だった頃の新宿２丁目

■売春の街になる

かつての日本には公娼制度が存在していた。古くは江戸幕府、その後は明治政府によって指定された地域であれば、堂々と売春をビジネスとして行うことができたのである。新宿もそんな場所のひとつだった。

この制度は第二次世界大戦後に日本を統治したGHQ（連合国軍総司令部）の命令もあって廃止されている。しかし、このときに廃止されたというのはあくまで表向きの話だった。実際は私娼、つまり彼女らが自分たちの意思で売春を行うことを日本政府は黙認していたのである。

無法地帯と化した色街ではトラブルも絶えず、所轄の警察ではこの要注意エリアを地図の上で赤い線で囲むようになった。これが「赤線」とか「赤線地帯」と呼ばれるようになった由来だ。

目に見えない赤いラインで囲まれた新宿二丁目は、台東区の吉原や墨田区の玉の井と並ぶ東京の代表的な赤線地帯として、男たちの欲望を満たす場所となった。

その一方で、庶民からは縁遠い場所になっていったのである。

当時、売春が行われた店は、形式上飲食店としての認可を受けていた。そのため、店は「カフェー」、さらにそこで働く女性たちはウェイトレスを意味する「女給」と呼ばれるようになったのである。

ところがその実態はといえば、かつての遊郭がカフェーに、そこで働く遊女が女給と名前を変えただけの話だった。

店には客が食事をしたりお茶を飲んだりできるちょっとしたスペースがあったが、もちろん客の目的はそんなことではない。男たちは接待にくる女性の品定めをして、気に入れば連れ立って店の奥や2階に用意された個室に消えていく。これが一般的なカフェーのシステムだった。

当時のカフェーの様子

赤線地帯は戦後10年以上も続き、東京オリンピック開催の直前である1957年に施行された売春防止法でようやく正式に廃止されている。こうして、江戸時代から続いた新宿の色街の歴史もその幕を閉じたのだ。

その後、かつてのカフェーは連れ込み旅館や飲み屋などになっていったが、いつしかポツリポツリと出始めた空き店舗にゲイバーが進出するようになり、しだいに現在の一大ゲイタウンが形づくられていった。

二丁目が時を経て再び〝男〟たちの集う町になったというのも不思議な因縁である。

南の島にある立入禁止の聖地

■沖縄の聖地・御嶽

沖縄本島を南北に走る国道58号線、通称〝ゴッパチ〟は、地元の人にとっては重要な生活道路として、そして観光客には沖縄を代表するドライブコースとして親しまれている。

道沿いにはヤシの木が植えられ、車窓からはエメラルドグリーンの海が広がる南国の美しい景色を堪能できる。

その58号線を那覇から20分ほど北上すると、宜野湾《ぎのわん》市大山という場所にさしかかる。東シナ海に面したこの町には、沖縄本島の数ある心霊スポットの中でもとくに霊力が強いといわれている聖域があるのだ。

58号線を右折して住宅街を縫うように伸びる細い路地に入り、しだいに勾配がきつくなる坂道を先へ先へと進む。やがて、木々がうっそうと生い茂る森の入り口にたどりつくと、その入り口には「史跡 大山貝塚」という石碑を見ることができる。

貝塚というだけに、かつて森の奥からは縄文時代の石器や土器などが多数出土している。

斎場御嶽（写真 :shig2006）

そればかりかこの場所は、古くから地元の人々が崇めてきた御嶽《うたき》と呼ばれる聖域でもあるのだ。

御嶽とは古くから祭祀などを行ってきた聖域で、神々が降り立つ場所と考えられてきた。

沖縄の人々の暮らしには欠かせない場所であり、かつてはここを中心として集落がつくられたという。

今も沖縄地方のあちこちに御嶽は残っていて、沖縄本島の南東部、知念半島にある斎場《セーファ》御嶽は世界文化遺産にも登録されているほどだ。

そして、この大山貝塚にも小さな祭壇が建てられている。沖縄ではこうした祭壇のことを拝所と呼び、人々は神を拝む神聖な場所として代々崇めてきたのである。

そんな御嶽の神秘性をさらに高めているのが、沖縄の人々にとって今でも重要な存在であるユタだ。ユタとは霊的能力の高い巫女《みこ》のことで、先祖の供養や伝統的な祭祀を行い、あるときには恐山のイタコのように死者の声を代弁したり、神をみずからの体に憑依《ひょうい》させて人々に助言をしたりもする。

しかもユタになる女性は、その過程で何日も高熱にうかされたり、極度のうつ状態や錯乱状態に陥るなど、「カンダーリ（神ダーリ）」という何かに憑りつかれたような状態を体験するというのだ。なんともミステリアスな存在なのである。

沖縄では今でも冠婚葬祭や転職、家の新築や改修など人生の転機となるタイミングで、「ユタ買い」といって助言を求めてユタのもとを訪れる人が少なくない。

御嶽は、そんなユタが修行を行ってきた場所でもあるのだ。

■この世とあの世をつなぐ強い霊力

もちろん大山貝塚も例外ではない。じつは、貝塚の拝所の下には洞窟が広がっていて、そこではユタがみずからの霊力を高めるために祈りを捧げているというのだ。

死者の声を聞くユタの修行場である御嶽は、この世とあの世をつなぐ霊的エネルギーの強い場所ともいえる。

生まれつき強い霊力を持ったユタならまだしも、一般の人が興味半分で足を運ぶにはあまりに危険な場所なのである。

実際に大山貝塚では怪しい人影を目撃するなどの怪奇現象が相次ぎ、ここで写真を撮ると謎の影が写り込むという噂も絶えない。地元では知らない人がいないミステリースポットなのだ。

住宅街から一歩足を踏み入れた場所に、地元の人々が古くから崇めてきたこうした神秘的な聖域が残るというのは、沖縄ではよくある風景だ。

リゾート地として多くの観光客が訪れる沖縄には、現代人の想像を超えた多くの文化や習慣が残っていることを肝に銘じておきたいものである。

崖上500メートルにある国宝

■いつどのように作ったのか謎の建物

日本で国宝に指定されている建造物は全国に200以上あるが、その中には人が容易に近寄ることができないものがある。

その最たるものが、「日本一危険な国宝」といわれる三徳山三佛寺《みとくさんさんぶつじ》の奥の院、投入堂《なげいれどう》だ。

なぜならこの建造物は、山深い断崖絶壁の岩のくぼみに突き出るように建っているからだ。

しかも、なぜこんな場所に建てたのか、どんな方法を使って建てたのかがいまだ解明されていない、不可思議なお堂でもある。

そんな投入堂のある三徳山は、鳥取県のほぼ中央にある標高約900メートルの山だ。かつては修験道の行場として栄えていた山であり、開山は706年といわれる。

三佛寺は、その後８４９年に慈覚大師円仁によって釈迦如来、阿弥陀如来、大日如来の三尊が安置され、天台宗三徳山三佛寺と称するようになった。

そんな三佛寺にある投入堂は、足場もないほぼ垂直の岩の中腹に刺さるように建っていることから、開祖である飛鳥時代の呪術者、役行者《えんのぎょうじゃ》が開山した際にふもとで組み立てたお堂を法力で岩窟に投げ入れて建立したと言い伝えられてきた。

三佛寺投入堂（写真提供：遠山恭崇）

近年の調査によって11世紀後半から12世紀前半の建物であることがわかっている。

この不可思議な投入堂をひと目見ようとやってくる観光客は近年増えているが、じつはそう簡単に行ける場所ではないのである。

■半端な覚悟ではたどりつけない

投入堂の参拝には、まず、ふもとの入山受付案内所で参拝受付をしなければならない。ただし、受付は朝8時から15時までに限られており、冬季の積雪期や雨天時は入山禁止になる。

そうしてからまず本堂まで行き、本堂裏手にある登山事務所で入山届を書き、そこで貸してくれる輪袈裟《わげさ》を肩にかけてはじめて投入堂への険しい道程が始まるのだ。

本堂から投入堂までは約７００メートル、往復で90分前後はかかる。しかも途中は木の根や岩をよじ登り、ときに鎖をつかんで登らなければならないほどの急斜面だ。

事実、滑落事故が後を絶たないため、必ず2人以上での入山が義務づけられている。

もちろん、服装と履物のチェックも厳重に行われる。スカートやサンダル、ヒールなど登山にふさわしくない装備は門前払いになる。

また木の根を傷つけてしまうスパイクのついた靴などもNGで、「ダメ」といわれた場合は、そこでわらじを購入するしかない。

しかも、厳しい道のりをどうにか乗り越えてお堂にたどり着いても、一般には絶壁の下から仰ぎ見ることが許されているだけで、お堂の中に立ち入ることは固く禁じられている。

木の一部をつたって登るカズラ坂（写真提供：遠山恭崇）

もとより、標高約500メートル地点にあるそのお堂は、到底一般の人がたどり着けるものではない。断崖絶壁にできたわずかな天然のくぼみに建立されており、下から見ると床面の大部分は岩よりはみ出しているのだ。

投入堂はあくまでも三佛寺の奥の院で、道のりは厳しい修行の場と言える。しかしこの難易度が、かえって参拝する価値を高めているようである。

投入堂を一度は見てみたいと願う人は多いが、体力に自信のない人にとっては苛酷すぎる場所なのだ。

日本の中にある外国・米軍基地

■ゲートパスがなければ入れない

在日米軍基地をはじめとする米軍専用の区域や施設は、日本国内に80カ所以上ある。その総面積はじつに東京23区の半分にも相当するという。

基地の中の道は驚くほど広く、アメリカ式の大きなショッピングセンターや娯楽施設、病院や学校が建ち並ぶ。

そこではアメリカ本国から運ばれてきた衣服や家具、食品が販売されているし、敷地内で放送されているテレビやラジオ番組は本国仕様だ。

フェンスの向こうはまさにアメリカそのもので、原則として米軍基地内は部外者の立ち入りが禁止されているのは言うまでもない。ちょっと買い物をしに行きたいと思っても不可能なのである。

ところが、基地内に出入りしている日本人は案外たくさんいる。

まず、基地で仕事をしている人だ。その職種はじつにさまざまで、レストランのコックやウエイターにはじまり、フォークリフトや重車両の運転士、警備員や消防士、オフィスで事務職に就いている人もいる。派遣会社に登録をするとアルバイトやパートなどの仕事を紹介してもらえるのだ。

青森県の三沢基地から厚木基地へ移動する米兵（2011 年 4 月）

彼らにはゲートパス（入場許可証）が発行されていて、入り口で提示することで基地内に出入りできるというわけだ。

ほかにも、基地内には民間の英会話教室や大学があるケースもある。試験にさえ合格すれば、一般の人でも基地の中にある学校に通うこともできるのだ。

ただし、少しでも油断するととんでもないことになることを忘れてはならない。

■妙な行動をとるとFBIに捕まる

２００５年頃のことだ。ある女性が、たまたま知人と一緒に基地に入れる機会を得たので、２人でゲートをくぐった。

基地内は原則として写真撮影禁止なのだが、その事実を知らなかったため、女性は偶然持ち込めたカメラであちこちを撮影した。何も知らなかったからこそできた荒業だ。

しかし、じきに仕事中の軍人に見とがめられ、ひとりずつ個室に入れられたかと思うと、ＦＢＩの尋問を受けるはめになってしまった。

尋問は3時間ほど続いたが、たったひとりでＦＢＩを相手に誤解のないよう説明をしなければならないのだから、とても冷静ではいられなかったという。

幸いながら、写真データを削除して従順な態度を示したことと身元の確認がとれたこと、そして2人の話に食い違いがなかったことから、最終的にはなんとかおとがめなしで解放されたのだった。

軍事基地がスパイ等の侵入を警戒するのは当然だ。どれほど無害な人間に見えても、簡単には信用してくれない。

日本側からの軍事データ流出も問題になっているので、当時よりも警戒が厳重になっている。

横須賀のオープンベースデーの様子（2008年6月）

■一般に開放される日がある

とはいえ、別に危険をおかさなくても米軍基地に入れる方法がある。日米交流を深める場として設けられたオープンベース（一般開放日）だ。

たとえば、神奈川県横須賀市にある米海軍の横須賀基地では、ネイビーフレンドシップデーなどが年間10回ほど開催されている。

抽選に当たった人しか参加できないが、ガイド付きで基地内を見学できたり、フードコートで食事ができたりするので人気は高い。当日は運転免許証やパスポートなどの写真付きの身分証明書を持参するのが基本だ。

しかし、どこでも自由に歩き回っていいわけではない。少しでも不審な行動をとればすぐに呼びとめられ、前述のように拘束される可能性もある。

また、基地内で売っている雑貨や食べ物を買ってお土産として持ち帰ることはできない。軍人やその関係者しか持っていない特別なＩＤがなければ、そもそも買い物をすることもできないのだ。

どれだけフレンドリーに接してくれるとはいっても、そこはあくまで基地の中であることを忘れないようにしたい。

5章

日本列島の〝ヤバイ話〟

殺人兵器を製造していた秘密工場

■オウム真理教がつくった毒ガス工場

日本を代表する霊峰・富士山の周辺には５つの湖や樹海を中心に雄大な自然が広がっている。しかし、この地にかつて日本中を震撼させた凶悪犯罪の拠点が置かれていたことを、もはや知らないという人も多いかもしれない。

ここはその昔、上九一色《かみくいしき》村と呼ばれていた場所である。

戦後になってから山林を開墾した開拓村で、交通の便こそ悪かったものの人々は酪農や農業を営みながらのどかに暮らしていた。

そんな平和な村に突如現れたのが、教祖・麻原彰晃こと松本智津夫率いる新興宗教「オウム真理教」である。

麻原は村で放置されていた荒れ地を買収し、１９９５年にはおよそ４万８０００平方メートルもの土地を所有して、サティアンと呼ばれる教団施設をいくつも建設していた。

施設内部からは常に土木作業のような音が鳴り響き、入り口には木刀を持った見張り（信者）も立てられていたが、一方で、村の住民の家には厳しい修行生活に耐えかねた脱走信者が駆け込んできたこともあったという。

サリン製造プラントがあった第7サティアン（手前）（写真提供：共同通信社）

当時は、オウムの仕業と思われる事件が相次いでおり、それを追及する世論と反論するオウムの攻防が繰り広げられていたが、1995年3月20日、事態は最悪の展開を迎えてしまう。

この日の午前8時頃、ラッシュでにぎわう東京都内の5つの車両で、乗客が次々と倒れる事件が発生した。

原因は車内に蔓延した神経ガスのサリンで、オウム信者が持参したサリン入りのビニール袋に傘の先端で穴を開け、その直後に電車を降りて逃亡したのだ。ガスを吸いこんだ乗客や救出作業にあたった駅員が次々と倒れ、都内は大混乱に陥った。結果、13人が死亡し、6300人もの重軽傷者を出す大惨事となってしまったのである。

この地下鉄サリン事件は、追い詰められた教団が警察の捜査妨害と社会混乱を目的として実行した無差別テロだったのだ。そして、ついに上九一色村の教団施設に強制捜査が入り、隠し部屋に潜んでいた麻原が首謀者として身柄を拘束されたのである。

第二次世界大戦下にナチスが開発し、そのナチスでさえ使用を踏みとどまった毒ガスによるテロ事件は、海を越えて衝撃をもたらし、上九一色村の名は世界中が知るところとなってしまったのだ。

■工場跡に建つ碑文のない慰霊碑

一度ついた負のイメージを払拭することは難しかったのだろう。

教団施設が完全に解体されたあと、村は土地を買い上げ、イメージ回復をはかってテーマパークを開園しているが、数年で経営に行き詰まり閉鎖に追い込まれた。

さらに2006年には村も分割合併され、上九一色村という名前は地図から消滅した。

サティアンがあった場所に立つ慰霊碑（写真提供：時事通信社）

現在、この地は公園として整備されているが、サティアンがあった跡地には小さな慰霊碑が立っている。教団内のリンチによって殺された信者の霊を弔うためのものだ。

慰霊碑には碑文が書かれておらず、事情を知らない人が見れば何の慰霊碑なのかさっぱりわからないそうだ。

その理由は、ここにオウムの文字を入れることで聖地化してしまうことを恐れたからだといわれている。

村人を殺しまくった人食いヒグマ

■日本史上最悪の獣害事件

北海道北西部に位置する苫前町《とままえ》は、日本海に面していることから道内でもとくに強風が吹く地域として知られている。

そんな苫前町の中心部から山間部に30キロメートルほど踏み入った場所で、今から100年あまり前の1915年12月、血も凍るような恐ろしい事件が起きた。日本最悪の獣害事件といわれる三毛別《さんけべつ》羆《ひぐま》事件である。

明治時代の後半から大正時代にかけて、それまでは未開の地も少なくなかった北海道で開拓が盛んに行われるようになった。

事件が起きた三毛別六線沢村《ろくせんざわ》もそのひとつで、村には20軒あまりの小さな家が建っていた。電気や水道もなく、みずから建てた茅葺《かやぶ》き屋根の家はどうにか雨風をしのげる程度の粗末なものだったが、村人たちは力を合わせて農業を営みながら暮らしていた。

事件の発端は、ある民家の軒下に干してあったトウモロコシを1頭の巨大なクマが漁りにきたことだった。

現場に再現された襲撃のシーン

村人はすぐさま発砲したが仕留めることはできず、傷を負ったクマを山中へ逃がしてしまう。

手負いの獣ほど恐ろしいものはない。それから数日後の白昼、悲劇は突如として幕を開けたのである。

早朝から山に出かけていた村人が昼食をとりに家に戻ってくると、周囲はしんと静まり返り、かすかに血の匂いが漂っている。

急いで中に入ると、囲炉裏《いろり》の側には喉をえぐられて変わり果てた姿になった子供が横たわっていたのだ。

家の外壁は一部が壊され、荒らされた屋内にはあちこちに血が飛び散っていた。

ところが、子供と一緒にいたはずの母親の姿はどこにもなく、雪原には血痕と何かを引きずったような跡だけが林に向かって続いていたという。

被害のすさまじさから、それがヒグマの仕業であることは疑いようもなかった。

翌朝、捜索隊が付近の林の中で発見したのは、行方不明になっていた母親のものらしき足と頭部の一部だった。

母親の遺体が発見されたその夜、被害に遭った家では母子2人の通夜が営まれた。

獲物を残したヒグマはその近くを離れないという習性があるため、村人は銃やノコギリ、ナタを手に通夜に参列せざるを得なかった。

■巨大ヒグマの体長は2・7メートル

ところが、人々が恐れていたことが現実となった。通夜振る舞いのさ中、突如として家の壁がバリバリと音をたてて壊され、巨大なヒグマが再び姿を現したのである。林の中に残しておいた女性の遺体を奪われたため、匂いを頼りに奪い返しにきたのだ。

ヒグマは屋内に踏み込むと棺を蹴散らし、鋭い爪を備えた前足を振りかざした。ランプの火が消え室内は真っ暗になり、人々は逃げ惑うことしかできなかった。

銃を持った村人が発砲したが仕留めることはできず、銃声に驚いたクマは夜の闇に消えていったのだ。

獲物を奪われてさらに凶暴になっていたヒグマは、数分後に今度は500メートルほど離れた民家に姿を現すと、そこにいた女性や子供10人に襲いかかった。

この家では合わせて6人があっという間に命を奪われ、なかには腹を裂かれて胎児もろとも命を絶たれた身重の女性もいた。

こうして、わずか2日のうちに8人の村人が犠牲になったのである。

その後も討伐隊の前に何度も姿を現したヒグマは、最初の襲撃から6日後、伝説のマタギとして知られた山本兵吉によってようやく仕留められた。

ヒグマはオスで、その重さは340キログラム、身の丈は2・7メートルもあったという。この巨大ヒグマのためにのべ600人の討伐隊と60丁もの鉄砲が集められたという事実は当時の新聞でも報じられ、北海道に暮らす人々を恐怖に陥れたのである。

かつて凄惨な事件が起きた地域からほど近い場所にある三渓神社には熊害慰霊碑が建てられ、凶暴なヒグマによって命を絶たれた開拓民たちの名前が刻まれている。

銀をめぐって起きた血みどろの争い

■莫大な銀が生んだ権力争い

島根県の中央部にある石見《いわみ》銀山は、2007年に世界文化遺産に認定された。日本では14番目の世界遺産だが、産業遺産としては国内初の登録である。

鉱山の跡はもとより銀を運んだ街道や港も含まれているため、総面積は約3600ヘクタールにも及ぶ。

石見銀山は1526年頃、博多の商人だった神屋寿禎《かみやじゅてい》によって発見されたといわれている。

そして16世紀後半から17世紀初頭にかけての最盛期には年間十数トンもの銀を産出し、20万人がここで暮らしていた。まさにシルバーラッシュともいうべき繁栄を見せていたのだ。

当時、この辺りを支配していたのは有力大名の大内氏《おおうち》だったが、周囲には尼子《あまこ》、毛利、小笠原といった武将たちがひしめいていた。

そうなると、彼らが莫大な富を生み出す銀山を放っておくはずがない。

そのため、石見銀山をめぐって激しい争奪戦が繰り広げられ、銀山の支配者は目まぐるしく入れ替わったのである。

銀山最大級の坑道「大久保間歩」

■みつどもえの激しい戦い

まずは大内氏が矢滝城を拠点にして石見銀山の支配を開始した。

ところが小笠原氏に奇襲され、わずか3年で支配者の座から引きずり下ろされてしまう。

その後も大内、尼子、小笠原の3氏が入り乱れ、奪われては奪い返すという戦いが繰り返された。

勢力拡大を目論む戦国武将にとって、石見銀山は重要な経済基盤だったのだ。しかし、3氏のうちで最も力を持っていた大内義隆が尼子晴久の居城・月山富田城《がっさんとだ》攻めに失敗し、家臣だった陶晴賢《すえはるかた》のクーデターで倒れると情勢は一変する。勢いに乗った尼子晴久が石見銀山を手に入れたのだ。

とはいえ、大内氏の勢力が弱まると同時に、今度は安芸の毛利元就《もとなり》が石見銀山を狙い、両者は1556年に激突した。

元就は、次男の吉川《きっかわ》元春を尼子氏が拠点にしていた山吹城に攻め込ませた。必死の抵抗もむなしく尼子軍が敗れると、銀山はいったん毛利の支配下に置かれることになる。

もちろん晴久も黙ってはいない。わずか2年後には反撃ののろしを上げ、新原（現在の大田市水上町）で再び激しい戦いが始まった。

尼子勢のすさまじい攻撃を前に毛利軍は総崩れとなり、元就も尼子軍に追いつめられる。このときには7人の家臣が元就の影武者となって主を逃がしたという話が残されている。

尼子氏は再び銀山の支配権を取り戻した。だが、晴久は元就の謀略によって味方の裏切りに遭い、１５６２年に石見銀山はついに毛利氏のものになったのだった。

■死んだ者の叫びが響く戦場跡

こうして戦いが続いた石見銀山にはいくつもの伝説が残っている。

尼子と毛利の激戦が行われた5月5日に山に登ると兵士の叫びやうめき声が聞こえ、それを耳にした者は生きて戻ることができないというのも、そのひとつである。

石見銀山は鉱山として重要な働きを持っていたが、それゆえに多くの血が流れる戦場ともなったのである。

月山富田城跡

199人が凍死した「死の行軍」

■青森の山中で起きた遭難事件

青森市の南にそびえる八甲田山は、日本百名山のひとつにも数えられる名峰だ。今でこそスキーや温泉を目当てに冬場でも多くの観光客が訪れるが、かつては地元の猟師からも魔の山と恐れられるほど危険な山だった。青森湾や竜飛《たっぴ》岬から吹きつける海風が山の中腹でぶつかって激しく吹き下ろし、猛吹雪を引き起こすのだ。

この吹雪のために、かつてはわずか5日の間に200人近い凍死者を出す事件まで起きている。「死の行軍」として今も語り継がれる八甲田山雪中行軍遭難事件だ。

1902年1月、青森旧陸軍歩兵第5連隊は八甲田山を踏破する雪中歩行訓練を命じられた。

北方の大国であるロシアとの開戦が迫るなか、極寒の地での戦闘を想定した1泊2

日の訓練だった。

数日前に行われた予行演習は天候にも恵まれて予定通りに実施されたこと、さらにわずか1泊の訓練ということもあったのか、行軍に臨む兵士たちにはわずかな準備期

第5連隊の野営地を捜索する人々

間しか与えられず、支給された携帯用の食糧も1日分のみだったという。

ところが、隊の出発に合わせるかのように、北海道から東北地方にかけて記録的な大寒波が到来する。歩兵第5連隊の総勢210人を待ち構えていたのは、激しい吹雪が吹きすさぶ白い地獄だったのだ。

■どんどん減っていく兵士の数

1月23日早朝、連隊は青森市郊外の駐屯地を出発した。

計画では八甲田山の山麓を越えて、その日のうちに

は目的地である田代元湯に到達するはずだった。

しかし、出発から間もなくすると天候は急変し、想像を絶する猛吹雪に襲われた一行はたちまち道を見失ってしまった。

兵士たちは視界を奪われ、自分たちがどこにいるのか把握できないまま歩き続けた。そのまま日没を迎えた彼らは、結局それから4日もの間、十分な食事も休息もとれないままでさまよい続けることになるのだ。

猛烈な寒波の影響で、当時青森市内でも日中の最高気温はマイナス8度までしか上がらなかったという。雪深い山中はいったいどれほどの寒さだったのだろうか。

極限状態の中で食糧も水筒の水も凍りつき、隊列についていけず行方不明になってしまう者や、睡魔に勝てず目を閉じたまま凍死する者が続出した。行軍を続ける兵士の数はみるみる減っていった。

■210人中生存者は11人だけ

遭難から4日目、青森の駐屯地から派遣された救護隊が雪原で奇妙なものを発見する。それは、目を見開いて仁王立ちのまま仮死状態となっていた歩兵第5連隊の後藤伍長の姿だった。

彼は上官から救助を呼んでくるよう命じられたが、激しい疲労と凍傷のためしだいに体の自由がきかなくなり、ついに一歩も進めなくなった。しかし、意識を失ってなお捜索隊の目印になるよう雪の中に立ち続けたのだ。

こうして遭難していた兵士はひとり、またひとりと発見されていったが、そのほとんどが雪にまみれたまま凍死していた。210人中生存者はわずか11人のみで、生き残った者も重度の凍傷から手足を切断するしかなかったというありさまだった。

雪に埋まっているところを発見された兵士の体に軍医が注射を打とうとしたところ、全身が凍りついていたために針が折れてしまったという話まで残っているのだ。

結局、すべての遺体を収容できたのは雪もすっかり融けた初夏の頃のことだったという。

現在では頂上行きのロープウェーも開通し、八甲田山は観光地のひとつとなった。

しかし1997年には、山中で訓練中の3名の自衛隊員が火山ガス中毒によって死亡している。魔の山は、今でも時折その恐ろしい顔をのぞかせるのである。

異界への入り口・異形の恐山

■有毒ガスが噴き出る「異界への入り口」

死んだ者の魂が行きつく場所――。

青森県の下北半島の中部には、いまだにそう信じられている場所がある。

それは、和歌山県の高野山、京都府と滋賀県にまたがる比叡山と並ぶ日本三大霊場のひとつである恐山である。

日本最北端にある異界への入り口、そう呼ばれる恐山へは、最寄り駅であるＪＲ大湊線の下北駅から路線バスを利用すれば40分ほどで行くことができる。

ただし、冬の間は山が深い雪に閉ざされるため、開山期間は毎年5月1日から10月31日のわずか半年だけだ。

ところで、正確には恐山という名称の山はどこにも存在しない。恐山とはカルデラ湖である宇曽利湖《うそりこ》を中心とした蓮華八葉《れんげはちよう》と呼ばれる8つの山々と、それらに囲まれた盆地の総称なのだ。その恐山には、まさに地獄の景色そのもののような、草木一本生えない荒涼とした岩場が広がっている。

恐山の岩場

休火山である恐山一帯は今でも水蒸気や火山性ガスが噴き出しているため、植物はほとんど育たないのである。ツンと鼻をつく硫黄の匂いが立ち込めているのもそのせいだ。

恐山の岩場には、血の池地獄や無間《むげん》地獄と不気味な名前が書かれた案内板がいくつも立てられ、硫黄の匂いも相まって、歩いているだけでさながら地獄めぐりをしているような気さえしてくる。

死者を弔うための石積みの塔もあちこちにあり、どこからかカタカタという乾いた音が聞こえてくる。水子供養のために供えられた風車が物悲しげに回っているのだ。また、死者の遺髪や遺骨、爪や歯などが納められている小さな納骨堂もある。

昔から地元の人々は恐山のことを「お山」と呼び、「人は死ねばお山に行く」と言い伝えてきた。そのため、恐山の納骨堂に分骨をしなければ、お山に行かせてもらえなかったといって死者が遺族を祟ると信じられてきたのだ。

平安時代初期の9世紀に開山した恐山は、こうして1000年以上もの間、霊峰として人々から畏怖《いふ》されてきたのである。

■恐山に眠る莫大な金

ところで、この恐山が世界でも有数の金山で、地中深くには莫大な金が眠っているのをご存じだろうか。

実際に青森県が行った調査では、恐山の周辺地域の金の含有量は鉱石1トン当たり400グラムと極めて高いものであることが明らかになっている。

とはいえ、これまでに恐山から金が掘り出されたことはない。歴史をひも解いても、島根県の石見銀山のように、山の支配権をめぐって戦国武将たちが血を流したという話は残っていないのだ。

たしかに、恐山が金山であることが知られていたのかは定かではない。

しかし、たとえ知られていたとしても、死者の魂が向かう場所である聖地を我がものにして、恐れ多くも掘り返そうとする輩などいなかったのだろう。

ただし、古くから人々は別の目的で恐山を目指してきた。イタコに会うためである。

イタコはみずからの体を霊媒として一時的に死者の魂を宿し、その言葉を伝える「口寄せ」と呼ばれる不思議な能力を持つ女性で、その多くが盲目だ。

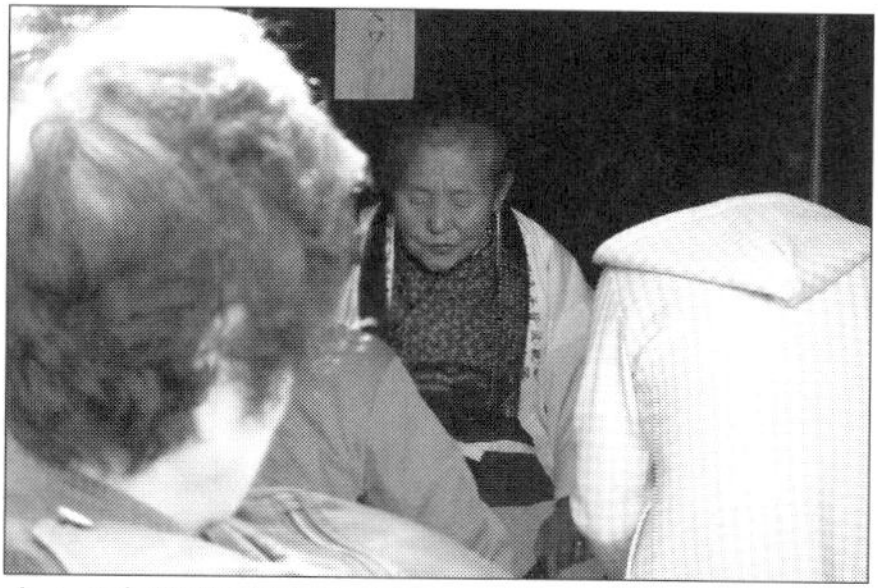

人々の信頼を集めるイタコ

毎年夏の恐山大祭と秋の恐山秋詣りの期間中には、口寄せを頼むためにイタコが座る小屋の前には長蛇の列ができる。

ただし、どんなににぎわうとはいえ、恐山は霊場であることを忘れてはならない。

118人が死んだデパート大火災

■大阪の中心地にあった巨大デパート

笑いの殿堂なんばグランド花月、道頓堀川、そしてグリコの巨大な看板……。ミナミと呼ばれるエリアでは大阪を象徴するようなさまざまな風景に出会える。それだけでなく、ショッピングや食事などいろいろな楽しみ方ができるため、このあたりはいつも人通りが絶えない。ミナミは大阪を代表する繁華街といえるだろう。

ところが、このミナミではかつて多くの死傷者を出した火災があった。そのせいか、関西随一の心霊スポットとひそかにいわれているのである。

今から40年ほど前、なんばグランド花月からもほど近い千日前で、史上最悪といわれるビル火災が起きた。千日デパートビル火災事件である。この火災では78名が負傷し、118名もの死亡者を出すという悲惨な結末をもたらしたのだ。

■あっという間に広がった有毒ガス

炎上する千日デパート（写真提供：毎日新聞社）

　1972年5月13日午後10時半頃、大阪市南区（現・中央区）にあった千日デパートで火災が発生した。
　地上7階、地下1階からなる千日デパートは百貨店やスーパー、飲食店などが入る雑居ビルで、火元は3階にあるスーパーだった。
　衣料品など可燃性の商品が多いこともあって火はまたたく間に燃え広がり、さらに新建材が燃えて有毒ガスが発生した。
　熱気と黒煙に阻まれて消防士もなかなか内部に踏み込めない。窓という窓が割れ、煙やガスをもうもうと噴き出す。ビルはさながら巨大な煙突と化したのである。

この時間、営業していたのは地下の飲食店と7階のアルバイトサロン「プレイタウン」だけである。

アルバイトサロンとは今でいうキャバレーのような店だ。店内は客とホステス、従業員をあわせて約160人もの人でにぎわっていた。

階下が煙と炎に包まれて逃げ場を失った7階にいた客らは、窓から身を乗り出して助けを求めた。中からは悲鳴や絶叫も聞こえてくる。はしご車も駆けつけてはいたが、圧倒的に数が足りない。そして、恐怖と焦りに突き動かされた人たちは、東側にあるアーケードめがけて飛び降り始めたのだ。

ビルの高さは22メートルもあり、あまりにも無謀な試みである。グシャ、ゴキッと、アーケードを突き破った人が地面にたたきつけられる音がした。あたりには壊れたハイヒールや片方だけの靴が散らばり、路上は血に染まった。

■建物に閉じ込められ死んだ人々

翌朝の新聞各紙は、火災による死亡者は20数名と発表している。ほとんどが飛び降りによる死亡だった。だが、被害はこれだけではなかったのだ。

ようやく救助隊がビルの中に入ることができたのは、火勢が衰えた明け方のことである。炎は2〜4階を全焼させたものの、7階は無傷のままだった。しかし、ここで救助隊は息を呑むような惨状に出くわす。

取り残された人々が、あちらこちらで折り重なるように倒れ伏していたのだ。通気ダクトや階段などを伝って上ってきた煙に巻かれ、みな一酸化炭素中毒で亡くなっていたのである。

この火事では、防火設備の不備が被害を拡大させたと指摘された。それが消防法改正の動きへとつながり、スプリンクラーの設置や自動火災報知器の設置が義務づけられた。

ちなみに、火災のあと、ビルは12年間も放置されたままだった。そのため、ここで亡くなった人の幽霊が出るとか、何かが落ちる音がするといった怪談話も噂され、心霊スポットのひとつとなったわけだ。

その後、1984年に女性向けのデパートに生まれ変わり、2001年からは家電量販店の店舗になっている。

東京駅に残る首相暗殺の痕跡

■公衆の面前で行われた凶行

東京駅といえば、1日に40万人前後の乗降客を誇る、いわずと知れた日本のビッグターミナルである。

開業は1914年にさかのぼる。東京大空襲の苦難も乗り越え、東京都民はもとより全国から上京する人々を招き入れ、そして見送ってきた。

しかし、そうしたにぎわいの影で、長い歴史の中ではこの駅を舞台にした悲劇も起こっている。その筆頭に上げられるのが1921年の原敬《はらたかし》暗殺事件だろう。

当時、原敬は第19代内閣総理大臣を務める政治家だった。新聞記者から外務省を経て政界へ入り、爵位を拒んで「平民宰相」として日本初の本格的な政党内閣を築いた人物である。

そんな国のトップを東京駅で襲撃したのは、驚くことに東京都内の大塚駅に勤務する鉄道職員の青年だった。世間に衝撃を与えたこの首相暗殺事件を、当時の資料をもとに振り返ってみることにしよう。

原敬暗殺の現場写真

■柱の陰から飛び出してきた犯人

11月4日、原はみずからが党首を務める政友会の近畿大会に出席するため、午後7時前に自宅から東京駅へと向かった。

発車の5分前になると原は待機していた駅長室から、東京駅の駅長、中橋文部大臣、元田鉄道大臣らを伴って南口の改札へと向かうコンコースを歩いていた。

すると、円柱の影から突然青年が現れたかと思うと、原に体当たりした。

そのときは、誰一人として何が起こったかわからなかったというが、それも当然だろう。原は一言も発することなくその場に崩れ落ちたのである。

しかし、このとき青年が握り締めていた刃渡り15センチメートルほどの短刀は、原の胸を深々と突き刺していた。ほぼ即死だったという。

暗殺したのは中岡艮一《こんいち》という18歳の若い男だった。中岡は山手線の大塚駅に転轍手《てんてつしゅ》（ポイントマン）として勤務していた職員である。

じつは、原はそれ以前から右翼団体などからたびたび暗殺予告を受けていた。あまりにも頻繁に届いたので、遺書をしたためていたほどだった。

ところが、原は大の護衛嫌いで、この日も取り巻きの数は首相にしてはけっして多くはなかった。かえって、その無防備さが凶行を招いてしまったのかもしれない。

暗殺から1週間後、遺言どおり故郷の盛岡で葬儀が執り行われたという。

■謎に包まれた犯行動機

気になるのは、まだ18歳の中岡が一国の首相の暗殺という大罪を犯した動機である。

供述調書では、原が属する政友会の政策などを含めた政治への鬱憤ということになっている。実際、逮捕された中岡は斬奸状《ざんかん》（殺害動機を書いた文書）を持っており、そこには原の私欲をはさむ政治への不満が書き連ねられていた。

だが、その筆跡は本人のものではない可能性が高く、内容も中岡の学歴に見合わない難解な言い回しだった。

そこで浮上したのが右翼の黒幕説だが、結局、真相が解き明かされることはなく、中岡は無期懲役の判決を受け、のちに恩赦を受け出所している。

のちに東京駅の丸の内南口には、暗殺現場となった床にそれとわかる大理石がはめこまれ、壁には「原首相遭難現場」と書かれたプレートが貼られた。

さらに東京駅では、1930年にも第27代内閣総理大臣である濱口雄幸がプラットホームで狙撃される事件が起きている。

このときは一命を取り留めたが、体調は回復せずにのちに死亡した。やはり、その事件を表すプレートも中央通路で見ることができる。

大都会の表玄関ともいうべき東京駅は、しゃれた赤レンガの駅舎には不似合いな血なまぐさい事件を今も静かに伝えているのである。

囚人が次々と死んだ極寒の刑務所

■氷点下20度以下の極寒の刑務所

北海道の道東に位置し、オホーツク海沿岸にある網走《あばしり》は流氷の町として知られている。

現在は4万人あまりが暮らす網走市には、毎年冬になると港や海岸を覆いつくすほど大量の流氷が押し寄せることから、砕氷船に乗って流氷の真っただ中を突き進むツアーも人気だ。

そして流氷と共にこの網走の名前を広く知らしめているのが、「地の果ての牢獄」「日本で一番北にある刑務所」といわれて多くの犯罪者から恐れられた網走刑務所の存在である。

冬場の気温は氷点下20度にもなるという極寒の地で、囚人たちには辛く厳しい労働が課せられる。そのうえ、かつての網走刑務所には多くの長期受刑者が収容されていたため、その警備はことのほか厳重なものだったのだ。

人口７００人にも満たない小さな漁村だった網走の地に刑務所が建てられたのは１８９０年のことだ。

大正時代に使用されていた独房

ロシアの侵攻に備えて、未開の地だった北海道を開拓するための労働力として全国から北海道に囚人が送り込まれ、道内の各地に次々と監獄が建てられたのである。

そのひとつに網走の地が選ばれた理由は、北のオホーツク海、さらに網走湖と能取湖《のとろこ》というふたつの湖に囲まれて囚人が容易に逃げ出すことができない地形にあったといわれている。オホーツク海が流氷で閉ざされると、そこはまさに陸の孤島と化したのだ。

やがて、網走には１３００人もの囚人が送られ、みずからが服役する巨大な刑務所を建てた。

さらには刑務所で働く職員とその家族なども移住してきたことから商店や遊郭までがつくられ、皮肉なことに網走は〝刑務所景気〟でにぎわったという。

しかし、活気づく塀の外とは裏腹に、刑務所に送り込まれた囚人たちを待っていたのは悲惨な生活だった。朝になると獄舎の囚人たちの布団には、屋内にもかかわらず霜柱が立ったというのだ。

彼らは道央とオホーツク沿岸を結ぶ道路の開削工事に駆り出された。原生林が生い茂る山林に分け入り、突如として襲いかかってくるクマにおびえながら人力だけで道を切り開く。

そのうえ、囚人たちは逃亡を防ぐために鉄の玉がついた鎖で2人ずつつながれたままだった。工事が過酷を極めたのはいうまでもない。

工事は昼夜を問わず強行され、栄養失調やケガなどから命を落とす者が続出した。あまりの過酷な環境に耐え切れず逃亡を図り、あえなくその場で看守に斬り殺された囚人もひとりやふたりではなかった。

最終的には200人以上の犠牲者を出したといわれ、命を落とした囚人はその場に埋葬されたと伝えられている。

■投獄された犯罪者たちの来歴

この網走刑務所には政治犯から凶悪犯までさまざまな犯罪者が投獄されていた。20世紀最大のスパイ事件といわれるゾルゲ事件に関与したスパイや、1943年に起きたひかりごけ事件で、遭難の末に死んだ乗組員の人肉を食べて死体損壊の罪に問われた船長も服役している。

受刑者の中には、生涯で6度もの脱獄を繰り返した伝説の脱獄王、五寸釘寅吉《ごすんくぎとらきち》や白鳥由栄《しらとりよしえ》の名前もある。

こうして100年以上もの間、歴史を刻み続けた木造の獄舎はそのまま移設され、現在では網走刑務所を見下ろす天都山中腹に開館した博物館網走監獄で一般に公開されている。

東京ドーム3・5個分もの広大な敷地には、「赤レンガ門」と呼ばれる巨大な正門も再現され、今日も多くの観光客が訪れている。レンガ造りの門をくぐるときの得もいわれぬ緊張感は、かつて囚人たちも味わったのと同じものにちがいない。

空中衝突した航空機が散った場所

■空中で分解し始めた航空機

1971年7月30日、ようやく梅雨明けを迎えて晴れ上がったその日の岩手県の上空には雲ひとつなく、視界は良好だった。

この日、全日空58便は北海道の千歳空港を予定より50分遅れて13時30分頃に飛び立っている。夏休み期間中とあって機内はほぼ満席で、1時間半ほどのフライトで羽田空港に着陸する予定だった。

ところが、この機はいつになっても羽田空港に到着することはなかったのだ。

なぜなら、58便は離陸をしてから30分後、岩手県中部に位置する雫石町の約8500メートル上空で訓練中の自衛隊機と衝突したのである。

操縦不能となった58便は白煙を吹き上げると速度を上げながら急降下し、機体は高度5000メートル付近で空中分解してしまったのだ。

航空自衛隊所属のジェット戦闘機は操縦席から火を吹きながら森に向かって真っ逆さまに落下したが、パイロットはパラシュートを使って間一髪のところで脱出したため軽傷を負うにとどまった。

しかし、はるか上空からなすすべもなく落下した58便の乗客と乗組員からは生存者は発見されず、この〝死のフライト〟によって無残にも162人全員の命が奪われてしまったのである。

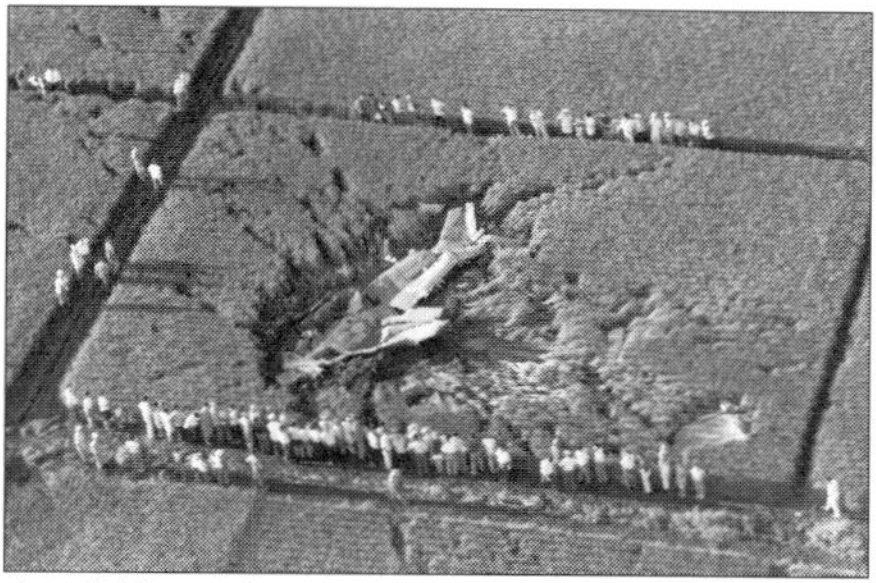

全日空機に空中衝突し墜落した自衛隊機（写真提供：共同通信社）

■あたりに飛び散った機体と人体

事故が発生した直後、雫石町の住民たちは何かが爆発したようなドーンという音を聞いたという。

その音があまりに大きかったため、火山が噴火したのではないかと聞き違えた人もいたというほどだ。なにしろ、高速で飛ぶ飛行機同士が衝突して墜落したのである。その衝撃たるやどれほどのものだったのだろうか。

58便の墜落現場は凄惨を極めた。空中分解して鉄塊と化した機体は高速で落下して地面に叩きつけられたため、辺り一面に破片や乗客の荷物が散乱した。

頑丈なはずの機体がそのありさまである。落下して地面に叩きつけられた遺体は見る影もなく、バラバラになってあちこちに飛び散っていたという。

あまりの惨状に、捜索隊の面々は思わず言葉を失った。

夜を徹して懸命の捜索が続けられたがついに生存者を見つけることはできず、事故からわずか1日で162名すべての遺体が発見されている。

この恐ろしい犠牲者の数は、当時としては日本の航空史どころか、民間の航空機事故としては世界最悪の規模になってしまったのだ。

■慰霊の森として整備される

その後、事故機が墜落した山林は「慰霊の森」として整備されて慰霊碑が建てられた。

事故が起きた7月30日には、事故で犠牲となった乗員や乗客の遺族が集まり慰霊祭が行われていた。

ところが、多くの遺体が散乱したこの森が、地元の人の間で有名な心霊スポットとして噂されるようになるには事故後それほど時間はかからなかった。

興味半分で森に立ち入ったために、金縛りや不可解な出来事に遭ったという話が後を絶たないのだ。

あまりに一瞬の事故だったため、何が起きたのか、ましてや自分が死んだことすらわからない乗客の霊が今もさまよっているのだろうか。

ちなみに、事故で墜落した58便の機体の残骸や事故に関する資料の一部は、現在、全日空の社員向けの教育施設で大切に保存、展示されていて、事前に予約をすれば一般の人でも見学することができる。

壊れたエンジンや胴体を覆っていたジュラルミン製の外壁の一部は、民間機と自衛隊機の衝突という悪夢のような大事故のすさまじさを無言のままに物語っているのだ。

171人が死んだ過酷な工事現場

■日本最大のダムを作るための大工事

日本は古くから山岳信仰が盛んな国だが、富山県にある立山《たてやま》もまた地域住民にとっては聖地たる場所である。

その霊峰の東側に、断崖絶壁の黒部峡谷の巨大なダムがお目見えしたのは1963年のことだ。

お椀を縦に割ったような形をしたアーチ式ドーム越流型の水力発電ダムで、高さ186メートルの壁面は昔も今も日本最大である。

なぜ、このような地にこれだけ大規模なダムを建設したのか。その背景にあったのは戦後の深刻な電力不足だ。

とくに関西地方は渇水や石炭不足から電力制限を余儀なくされ、もっともひどい時には1週間のうち3日も停電するという非常事態を招いていた。

そこで関西電力が白羽の矢を立てたのが、豊富な水量が確保できる富山県の黒部峡谷だ。

しかし、北アルプスの厳しい自然を切り裂いて、ダムを建設するのは容易なことではない。工事は1956年に始まったが、その先には予想だにしないアクシデントと大きな代償が待っていたのである。

日本最大の黒部ダム

■目の前に立ちはだかった破砕帯

「黒部ダム」と名づけられたそのダムの建設予定地は北アルプスの山奥である。

じつは、ここは大正時代から関西電力が水力発電所の建設にチャレン

黒部湖

ジしてきたが、実現することが叶わなかった秘境の地で、富山県の立山あるいは長野県の大町のいずれかからしかたどり着けない困難な場所にあった。

そこで、急務となったのが大町から建設予定地まで輸送路となるトンネルを掘ることである。

工事は急ピッチで進められたが、トンネルの入り口から2・6キロメートル地点で長さ80メートルの破砕《はさい》帯にぶつかるアクシデントが発生する。

破砕帯とは砕かれた岩石が帯状になっている強度の低い断層で、トンネル工事では最も危険視すべき地質構造なのだ。

この破砕帯は80メートルにわたっていた。掘削すれば水温4度の冷たい地下水が、毎秒660ミリリットルという猛烈な勢いで土砂とともに噴出し、たちまち坑内を水浸しにするという非常事態に陥った。

しかし、この破砕帯を突破しなくては計画を前に進めることはできない。この難局を乗り越えるために、当時としては珍しかった薬液での地盤補強なども行われたという。

結局、ふつうなら8日間で掘り終える長さを7ヵ月かけて攻略し、トンネルは開通した。

一方、富山方面からも危険な山岳路をつたって徒歩やトロッコなどで資機材を運搬した人たちがいた。この運搬夫は最盛期で400人もいたという。

着工から7年後、悲願のダムは完成したが、トンネル工事の従事者や運搬夫など171人の死者を出してしまった。

現在、ダム堰堤《えんてい》東側の一角には殉職者の慰霊碑が建っており、そこには犠牲者全員の名前が刻まれている。

犠牲者の慰霊碑

人形たちが最後にたどりつく神社

■人形で埋め尽くされた神社内部

和歌山市の西端、紀淡海峡に面した場所に加太《かだ》という町がある。

加太は万葉の昔からその美しい景色で知られ、晴れている日には淡路島や四国の山々まで見渡せる絶景の地だ。

そんな加太の海岸近くに淡嶋神社がある。その起源は神功《じんぐう》皇后の時代にまでさかのぼるとされている由緒ある神社だ。

神功皇后は大陸に出兵した帰り道で嵐に遭い、神に祈りを捧げたところ友ヶ島にたどり着くことができたという。

友ヶ島は加太港から汽船で20分ほどの距離にある4つの島々の総称だ。島には少《すく》彦名命《ひこなのみこと》を祀った祠があり、神功皇后は感謝の印に大陸から持ち帰った品々を奉納した。

その後、神功皇后の孫である仁徳天皇が島にあった祠を加太に移したのだという。

少彦名命は医薬の神様だが、とくに婦人病や安産にご利益があるといわれ、淡嶋神社には女性の参拝客が多く訪れる。

淡嶋神社に集められた雛人形（写真：Ellie）

また、ひな流しの神事が行われることでも有名で、毎年3月3日には雛人形を山積みにした白木の船を海に流し、厄払いと人形の供養をするのである。
この雛流しの行事だけでなく、淡嶋神社は人形と縁の深い神社だ。そこに一歩足を踏み入れれば、その光景に驚いてしまうかもしれない。
なぜなら、拝殿やその周囲をあらゆる種類の人形がぎっしりと埋め尽くしているからである。

■髪が伸びる人形の謎

人形供養をしてくれる淡嶋神社には全国から人形が

奉納され、その数は年間30万体を超えるという。

人形というものはかわいいとか、きれいだと思うと同時に、怖さも感じさせるところがあるものだ。これだけずらりと人形が並んでいると異空間に迷い込んだようで、どことなく背筋が寒くなるのを抑えられない。

しかも、奉納された人形の中にはいわくつきのものも含まれている。髪の毛が伸びるという理由で奉納された人形たちだ。

この手の人形といえば、北海道の萬念寺が所有しているお菊人形が有名だが、ここ淡嶋神社には髪が伸びる人形がいくつも存在するのである。

そのひとつは、かつてテレビ番組でも取り上げられた。ハワイアンの少女といった雰囲気の小ぶりの人形で、見た目は愛らしい。しかし、年月を経た映像を比べると、明らかに髪の毛が長くなっているのだ。

本殿の一角に集められた人形の中には、これと同じように髪が伸び続けているものもあるらしい。

人形の髪の毛に人毛を使うと伸びることがあるともいわれるが、たとえ毛根が残っていたとしても一度切ってしまった髪には栄養が送られることはない。

したがって、人形の髪が伸びるのは科学的には説明がつかない現象なのである。

■注目を集めるために怪異を起こす？

なんとも奇妙な現象で人形の怨念かと思ってしまうが、淡嶋神社の宮司さんは怖がる必要はないと語る。これは人形が大切にしてくれた持ち主への感謝の気持ちを示しているのだというのだ。

また、神社のホームページなどには、「人形は見てもらったり、遊んでもらったりするために生まれてくるので、注目を集めるために怪異と見える出来事を起こすことがある」とも書かれている。

いずれにしろ、人に悪さをすることはないということである。

ここに納められた人形たちと持ち主の間にはさまざまなドラマがあったはずだ。それが不思議な形で表れているだけなのである。

たしかに圧倒される眺めではあるが、あまり気味悪がらずに、役目を終えた人形たちを静かに見守るのが正しい姿勢なのだろう。

【参考文献】

『行ってはいけない！ニッポン「不思議島」異聞』（宝島社）、『日本の島ガイドSHIMADAS』（（財）日本離島センター）、『てくてく歩き21「石垣・竹富・西表島＆那覇」』（ブルーガイド編集部編／実業之日本社）、『るるぶ　長崎'10』（ＪＴＢパブリッシング）、『楽楽　石垣・宮古・西表島』（ＪＴＢパブリッシング）、『長崎県の歴史』（瀬野精一郎・新川登亀男・佐伯弘次・五野井隆史・小宮木代良／山川出版社）、『沖縄島々旅日和』（Coralway編／新潮社）、『東京タワー99の謎―知らなかった意外な事実！』（東京電波塔研究会／二見書房）、『越後　毒消し売りの女たち』（桑野淳一／彩流社）、『精神鑑定の事件史』（中谷陽二／中央公論社）、『天明三年浅間大噴火　日本のポンペイ鎌原村発掘』（大石慎三郎／角川書店）、『増山たづ子　徳山村写真全記録』（増山たづ子／影書房）、『松本清張全集7』（松本清張／文藝春秋）、『明治・大正・昭和・平成　事件・犯罪大事典』（事件・犯罪研究会、村野薫編／東京法経学院出版）、『「八つ墓村」は実在する』（蜂巣敦／ミリオン出版）、『空海の風景（上・下）』（司馬遼太郎／中央公論社）、『図解！　在日米軍基地完全ガイド』（洋泉社）、『玉の井　色街の社会と暮らし』（日比恒明／自由国民社）、『東京建築物語』（北井裕子、Ｒｅａｌ　Ｄｅｓｉｇｎ編集部編／エイ出版社）、『東京湾の歴史』（高橋在久編／築地書館）、『東京湾第三海堡建設史』（東京湾第三海堡建設史刊行委員会編、国土交通省関東地方整備局東京湾口航路事務所）、『敗戦と赤線』（加藤政洋／光文社）、『新宿の1世紀アーカイブス』（佐藤嘉尚編著、生活情報センター）、『花街・色街・艶な街　色街編』（上村敏彦／街と暮らし社）、『日本霊界地図―呪われた恐怖のタブー地帯』（並木伸一郎監修／竹書房）、『野生の事件簿―北の動物たち』（木村盛武／北海道新聞社）、『追究―雫石航空事故の真実』（足立東／日本評論社）、『実録・網走刑務所』（山谷一郎／廣済堂出版）、『ニュースで追う明治日本発掘7』（鈴木孝一編／河出書房新社）、『日本凶悪犯罪大全』（犯罪事件研究倶楽部編／イースト・プレス）、『八甲田山から還ってきた男―雪中行軍隊長・福島大尉の生涯』（高木勉／文藝春秋）、『久部良割・人升田―琉球にみる人口淘汰の悲劇』（無姓無名／東京布井出版）、『沖縄ナビ―沖縄の旅の秘訣をとことんガイド』（いのうえちず、西中里美／エイ出版社）、『ほんとうは怖い沖縄』（仲村清司／新潮社）、『大阪の20世紀』（産経新聞大阪本社社会部／東方出版）、『歴史散歩30　和歌山県の歴史散歩』（和歌山県高等学校社会科研究協会編／山川出版社）、『ふしぎの祭り─日本不思議旅行ガイド』（にじゅうに編集部編／にじゅうに）、『るるぶ和歌山　白浜　熊野古道　高野山』（JTBパブリッシング）、『まっぷる山口・萩・津和野・下関・門司、松江・出雲・石見銀山』（昭文社）、『別冊太陽　石見銀山』（田中琢監修、江田修司編／平凡社）、『日本の伝説48　出雲・石見の伝説』（酒井董美、萩坂昇／角川書店）、毎日新聞、朝日新聞　ほか

【参考ホームページ】

竹富町観光協会、日本観光協会九州支部、福岡県庁、宗像市役所、千葉県、板橋区、広島市、勝山市、群馬県、津山市、新潟県、鳥取県、広島県、青森県庁、和歌山県、北海道苫前町各公式ページ、首相官邸、UR都市機構、JR東日本、成田国際空港株式会社、独立行政法人　駐留軍等労働者労務管理機構、財団法人　労働科学研究所、国土交通省近畿地方整備局、福井県文書館、福井県環境情報総合処理システム、立地センター・エネルギー部「原子力地域の素顔」、嬬恋村観光協会、国立感染症研究所　感染症情報センター、国土交通省関東地方整備局東京湾口航路事務所、週刊大阪日日新聞、上毛新聞、Doshin web北海道新聞、東京タワー、秋田県観光総合ガイド　あきたファンドッとコム、ひろしま観光ナビ、鳥取県観光情報、秩父観光なび、京都市情報館、徳山ダム建設中止を求める会、渡良瀬遊水地、ヒロシマ平和メディアセンター、房総の自然と環境、沖縄デジタルアーカイブ「Wonder沖縄」、知・旅・住　離島総合情報サイト　沖縄のしまじま、おきなわ探訪　美ら島物語、BIGLOBE温泉、横須賀商工会議所、横須賀ビジネスパートナー、横須賀観光情報「ここはヨコスカ」、三徳山　三佛寺、いい旅、湯めぐり　三朝観光ガイド、高野山真言宗　総本山金剛峯寺、高野山宿坊組合・高野山観光協会、伊勢神宮、博物館　網走監獄、かんでんイーパティオ、立山黒部アルペンルート　オフィシャルガイド、港区ゆかりの人物データベースサイト、HAYANEKOのホームページ　ほか

【写真】

「宗像大社」　http://www.munakata-taisha.or.jp/index.html
「ひょうご歴史ステーション」　http://www.hyogo-c.ed.jp/~rekihaku-bo/historystation/
「ラジエイト」　http://radiate.jp/
「B型人間のアウトドア日記」　http://btypeoutdoor.blog29.fc2.com/
「追憶の彼方へ」　http://blogs.yahoo.co.jp/ruinsrider
「ゆきねこぶろぐ」　http://nekoneko-yukiyuki.at.webry.info/
「おきなわの離島　島の散歩」（新日本出版社）『瀬戸の島じま　島の猫』（ネコ・パブリッシング）山岡成俊
http://www.shimanoneko.com/
79ページ　© 本屋 and licensed for reuse under this Creative Commons Licence
83ページ　©titanium22 and licensed for reuse under this Creative Commons Licence
１３１ページ　©N yotarou and licensed for reuse under Creative Commons Licence
１３３ページ　©Tawashi2006 and licensed for reuse under Creative Commons Licence
１３９ページ　©Mass Ave 975 and licensed for reuse under Creative Commons Licence
１４３ページ　©Reggaeman　and licensed for reuse under Creative Commons Licence
１８７ページ　©安来市政策秘書課 and licensed for reuse under Creative Commons Licence
１９５ページ　©Geomr and licensed for reuse under Creative Commons Licence
２０５ページ　©京浜にけ and licensed for reuse under Creative Commons Licence
２１３ページ　©Qurren and licensed for reuse under Creative Commons Licence
２１５ページ　©Kahusi and licensed for reuse under Creative Commons Licence

※本書では歴史的な記述等に関してはその世界観を損なわないよう、できるだけ当時に使われていた表記や表現、文言などを尊重して掲載しました。

絶対に足を踏み入れてはならない
日本の禁断の土地

2019年7月 8日 第1刷
2021年7月15日 第2刷

編　者　歴史ミステリー研究会

制　作　新井イッセー事務所

発行人　山田有司

発行所　株式会社　彩図社《さいずしゃ》

〒170-0005 東京都豊島区南大塚3-24-4 MTビル
TEL:03-5985-8213
FAX:03-5985-8224

印刷所　新灯印刷株式会社

URL：http://www.saiz.co.jp
https://twitter.com/saiz_sha

ISBN978-4-8013-0379-9 C0121

本書は弊社より刊行した書籍『絶対に足を踏み入れてはならない日本の禁断の土地』（2014年12月発行）を再編集したものです。